IBIKOS

STUDIA LINGUISTICA ET PHILOLOGICA

Herausgegeben von Roger Schöntag

Band 1

Jürgen Lang

Die phonische Ausgliederung der Sprachräume auf der Pyrenäenhalbinsel

Ibykos Verlag

München (Neuhausen)
ibykos.verlag@yahoo.de

ISBN: **978-3-00-057380-4**

Redaktion: Yann Massicot

Herstellung und Vertrieb:
Books on Demand GmbH
Norderstedt

Vorwort des Verlags

Das hier vorliegende „Bändchen“ ist der zweite Teil einer Vorlesung, die Jürgen Lang als Inhaber des Lehrstuhls für Romanische Philologie (1989-2009) an der Universität Erlangen-Nürnberg mehrmals abgehalten hatte und 1998 als Manuskriptdruck der Öffentlichkeit zugänglich machte. Längst sind die wenigen im Selbstdruck erschienenen Exemplare vergriffen und so soll die nun hier präsentierte Ausgabe als Erstauflage in einem Verlag diesen so wichtigen Überblick über die Ausgliederung der iberoromanischen Sprachen dem interessierten Fachpublikum in größerem Umfang wieder zugänglich machen. Das Buch ist seit langem grundlegender Bestandteil der romanistischen Forschung und bietet auch nach fast zwanzig Jahren für die Studierenden die wichtigsten Einsichten zum beschriebenen Ausgliederungsprozeß.

Der ursprüngliche Untertitel des zweiten Teils der publizierten Vorlesung, *II. Die phonische Ausgliederung*, wurde in der vorliegenden Ausgabe nicht mehr wiedergegeben, um deutlich zu machen, daß der erste Teil der Vorlesung nicht mehr erscheinen wird. Im Gegenzug wurde dem Umstand Rechnung getragen, daß der Schwerpunkt der Darstellung auf den lautlichen Aspekten des Sprachwandels liegt, indem der Titel dieser endgültigen Fassung leicht modifiziert wurde und deshalb nun *Die phonische Ausgliederung der Sprachräume auf der Pyrenäenhalbinsel* lautet.

Der Originaltext wurde nicht verändert, lediglich die zusammenfassenden Gliederungspunkte des ursprünglichen ersten Teils der Vorlesung wurden gekürzt sowie das im Folgenden wiedergebene Vorwort.

Die Kapitelnummerierung, die ebenfalls an den ersten Teil der Vorlesung anknüpfte, wurde im Sinne einer nun endgültigen Fassung in Bezug auf die übergeordneten Kapitel neu konzipiert.

Eine kleine ergänzende Auswahlbibliographie mit einigen Werken, die seit der Erstveröffentlichung erschienen sind, soll den Studierenden als Einstiegshilfe in die neuere Forschung dienen.

Für die redaktionelle Arbeit, insbesondere die mühevolle Restituierung und Einarbeitung der phonetischen Sonderzeichen und der Diakritika sei Yann Massicot gedankt.

Ibykos Verlag, Juli 2017

Vorwort

Mehr als ein Vademekum will dieses Bändchen keinesfalls sein. Es informiert nirgends über eigene Forschungsergebnisse und es spiegelt auch nicht durchgehend den neuesten Stand der Forschung. Was die Verbreitung gewisser phonischer Innovationen auf der Halbinsel betrifft, darf es sogar als ein gewisser Vorteil gelten, daß es im wesentlichen auf älterer Literatur basiert (vgl. das Literaturverzeichnis am Ende). Man bedenke z.B., daß die Aufnahmen für den 1962 erschienenen ersten und bislang einzigen Band des *Atlas lingüístico de la Península Ibérica (ALPI)*, was den spanischen Sprachraum betrifft, alle aus der Zeit der zweiten spanischen Republik (1931-1936) stammen. Sprachgeographische Befunde aus jener Zeit kurzerhand mit solchen vom Ende des Jahrhunderts zu vermengen, wäre gefährlich.

Im folgenden Text wimmelt es von Formulierungen des Typs *Das Galicische geht, was den Ausfall des auslautenden Palatalvokals betrifft, mit dem Portugiesischen, was die Aussprache der Auslautvokale betrifft, dagegen eher mit dem Kastilischen* oder *Alle intervokalischen oder silbenschließenden Nasalkonsonanten des Vulgärlateins haben hier* [im Galicisch-Portugiesischen]*, zumindest vorübergehend, die vorausgehenden Vokale nasaliert.* Natürlich sind weder Sprachen noch Laute handelnde Subjekte. Wer sich einmal der Mühe unterzieht, die gemeinten Sachverhalte korrekt zu formulieren, indem er die Sprecher(innen) zum grammatischen Subjekt der Aussage macht, wird mir diese abkürzenden Formulierungen nachsehen.

Anders verhält es sich mit Formulierungen wie der folgenden über das Nebeneinander von /s/, /ś/ und /ʃ/ in denjenigen Mundarten, die nicht zum *seseo* übergegangen sind: *Dieses Nebeneinander wurde offenbar auch hier oft als problematisch empfunden. Aber statt zumindest auf einen dieser Unterschiede ganz zu verzichten, griff man im nördlichen Kastilisch zur gegenteiligen Lösung und vergrößerte die Unterschiede, indem man den vorderen Laut noch weiter nach vorne und den hinteren noch weiter nach hinten verschob*. Hier sind mit *man* tatsächlich die handelnden Subjekte der Veränderung angesprochen und diesen dürfen wir sehr wohl Motive unterstellen. Richtig ist freilich, daß die Sprecher(innen) auch ganz andere Motive gehabt haben können (die meisten wollten wohl einfach weiterhin so sprechen wie die Nachbarn, bei denen sie die Neuerung kennengelernt haben). Richtig ist ferner, daß die Sprecher(innen) mehr als ein Motiv gehabt haben können, daß ihnen in solchen Fällen die Motive ihres Handelns fast immer unbewußt blieben und daß unsere diesbezüglichen Annahmen deshalb immer Hypothesen bleiben. Kausale und damit unausweichliche Gründe für den Sprachwandel unterstellt aber nicht der, der den Sprechern Handlungsmotive unterstellt, sondern letztlich gerade der, der ihnen solche abspricht.

Ich danke allen Personen, die zum Zustandekommen dieses Bändchens beigetragen haben. Das sind insbesondere die Erlanger Studierenden der Hispanistik, dann Frau Katrin Künzel und Frau Beate Gresser, die eine frühe und eine späte Version des Textes durchgesehen haben.

Jürgen Lang, 1998

Inhaltsverzeichnis

1. Wiedereinstieg 21

1.1 Das Vorgehen im ersten Teil der Vorlesung 21

1.2 Das Vorgehen im zweiten Teil der Vorlesung 22

1.3 Beschränkung auf die phonische Ausgliederung 24

2. Das Latein 27

2.1 Klassisches, archaisches und Vulgärlatein 27

2.2 Die phonische Seite des klassischen Lateins 30

2.3 Zwei suprasegmentale Innovationen im Vulgärlatein 34

2.3.1 Wandel in der Natur des Akzents 35

2.3.2 Umwandlung der Hiatus in Diphthonge 35

2.4 Prothetisches *e-/i-* vor *s*-impurum 37

3. Vokalismus 39

3.1 Allgemeine Veränderungen im vulgärlateinischen Vokalismus ..39

3.1.1 Sog. Quantitätenkollaps 39

3.1.2 Übergang zum sog. vulgärlateinischen Vokalsystem 40

3.2 Tonsilbenvokalismus 41

3.2.1 Spanische Diphthongierung 41

3.2.2 Schicksal von vulg.lat. [ẹ] und [ę] im Katalanischen 47

3.2.3 Entwicklung der Tonvokale im Galicisch-Portugiesischen 50

3.3 Auslautvokalismus 55

3.3.1 Allgemeines 55

3.3.2 Kastilisch 57

3.3.3 Galicisch-Portugiesisch 59

3.3.4 Katalanisch 60

3.3.5 Aragonesisch 62

3.3.6 Leonesisch 62

3.3.6.1 Auslautendes *-a* 63

3.3.6.2 Palatale und velare Auslautvokale 65

3.3.6.3 Eine neue grammatische Kategorie 68

3.3.7 Andalusisch 71

3.3.8 Zusammenfassung 73
3.4 Anlautvokalismus 76
3.4.1 Allgemeines 76
3.4.2 Kastilisch 77
3.4.3 Die anderen spanischen Dialekte 79
3.4.4 Galicisch-Portugiesisch 79
3.4.5 Katalanisch 81
3.4.6 Zusammenfassung 83
3.5 Vor- und nachtonige Vokale 86
3.6 Zusammenfassung 89
4. Theoretisches Intermezzo 91
5. Konsonantismus I: Beseitigung der Doppelkonsonanz 97
5.1 Nichtzusammenfall mit den einfachen Konsonanten 99
5.1.1 Sonorisierung der einfachen Konsonanten 102
5.1.2 Schicksal von -RR- 105
5.1.3 Ausfall des einfachen Konsonanten 105
5.1.4 Kompensation der Länge 107
5.2 Anlautkonsonanten: Behandlung so wie einfache oder so wie doppelte? 111
5.3 Prinzipielles 112
6. Konsonantismus II: Weiterentwicklungen in jüngerer Zeit 115
6.1 Yeísmo 115
6.2 Weiterentwicklung von [r̄] 118
6.3 Zusammenfall von *b* und *v* 120
6.3.1 Vorbemerkung 120
6.3.2 Verwechslungen von lat. B und V 120
6.3.3 Zusammenfall von romanisch *b* und *v* 122
6.3.4 Ergebnis 125
6.4 Weiterentwicklung von F- 126
6.4.1 Vorbemerkung 126
6.4.2 Menéndez Pidals *Orígenes del español* (1926, [3]1950) 127
6.4.3 Ältere Hypothesen 129

6.4.4 Menéndez Pidals Rekonstruktion 130
6.4.4.1 *Una multisecular pugna* 130
6.4.4.2 *La equivalencia acústica* 131
6.4.4.3 Fälle der Erhaltung von F- 132
6.4.4.4 Frühe Belege für die Aspiration oder den Schwund.........132
6.4.4.5 Das Zeugnis der Toponymie: (ECCLESIA) SANCTI FELICIS usw. 134
6.4.4.6 Baskisches Substrat 135
6.4.4.7 Verbreitung durch die Reconquista 136
6.4.4.8 Methodische und theoretische Ergebnisse 137
6.4.4.9 Ralph Penny..138
6.4.4.10 Die Weiterentwicklung von F- und ihre Folgen für die dialektale Gliederung des Spanischen 141

7. Konsonantismus III: Vermehrung der Zischlaute durch Palatalisierungen vor Jot, *e* oder *i* 144

7.1 Vorbemerkung 144
7.2 Vulgärlateinische Palatalisierungen..146
7.3 Resultate 151
7.3.1 Spanisch 151
7.3.2 Galicisch-Portugiesisch..153
7.3.3 Katalanisch 155
7.4 Andere Quellen für Zischlaute..156

8. Konsonantismus IV: Verminderung der Zischlaute: *seseo* 160

8.1 Was ist der *seseo*? 160
8.2 Prädorsale und apikale Variante 161
8.3 Verlust der Stimmhaftigkeit 161
8.4 Dissimilierung 162
8.5 Interdentale Variante: *ceceo* 163
8.6 Geographische Verbreitung der drei Varianten des *seseo*..164

9. Konsonantismus V: Konsonantengruppen 166

9.1 Lateinische Konsonantengruppen im Anlaut..166
9.2 Konsonantengruppen im Inlaut..170

9.2.1 Lateinische Gruppen 170
9.2.1.1 -MB- und -ND- 171
9.2.1.2 -LT- und -CT- 173
9.2.1.3 Halbvokalisches [u̯] und halbkonsonantisches [w] 176
9.2.1.4 Dreiergruppen 178
9.2.2 Romanische Gruppen 179
9.2.2.1 Chronologie ihrer Entstehung 179
9.2.2.2 Prinzipielle Entwicklungsmöglichkeiten 180
9.2.2.3 Westen und Zentrum vs. Osten 182
9.2.2.4 -L'Okklusiv- 183
9.2.2.5 -Okklusiv'L- 183
9.2.2.6 -Okklusiv'Nasal- 185
9.2.2.7 -Nasal'Liquid- 186
9.2.2.8 -Okklusiv'Okklusiv- 187

10. Konsonantismus VI: Auslautkonsonanten 189

10.1 Lateinische Auslautkonsonanten 189
10.2 Romanische Auslautkonsonanten 190

11. Zusammenfassung: Dialekträume und Dialektgrenzen 194

11.1 Die großen Dialekträume 194
11.2 Die wichtigen Dialektgrenzen 195
11.2.1 Schärfe und Tiefe von Dialektgrenzen 195
11.2.2 Darstellung der Tiefe: Verfahren 196
11.2.3 Approximative Gewichtung 200
11.2.4 Tabellarische Darstellung der Grenzen 203
11.2.4.1 Die Grenze Westkatalanisch – Ostkatalanisch 203
11.2.4.2 Die Grenze Aragonesisch – Katalanisch 204
11.2.4.3 Die Grenze Kastilisch – Aragonesisch 205
11.2.4.4 Die Grenze Leonesisch – Kastilisch 206
11.2.4.5 Die Grenze Galicisch-Portugiesisch – Leonesisch 207
11.2.4.6 Die Grenze Nordkatalanisch – Südkatalanisch (Valenzianisch) 208
11.2.4.7 Die Grenze Kastilisch – Andalusisch 209

11.2.4.8 Die Grenze Asturisch – Südleonesisch 209
11.2.4.9 Die Grenze Galicisch – Portugiesisch..........................209
11.2.4.10 Die Nord-Süd-Grenzen im Portugiesischen.................210

Verzeichnis der verwendeten Abkürzungen und Symbole

Sprachen:

and.	andalusisch
arag.	aragonesisch
ast.	asturisch
bal.	balearisch
dt.	deutsch
franz.	französisch
gal.	galicisch
gask.	gaskognisch
iberorom.	iberoromanisch
ital.	italienisch
kast.	kastilisch
kat.	katalanisch
klass.	klassisch
lat.	lateinisch
leon.	leonesisch
port.	portugiesisch
rom.	romanisch
ros.	rossellonesisch
sp(an).	spanisch
val.	valenzianisch
vulg.	vulgär

Andere Abkürzungen:

adj.	Adjektiv
adv.	Adverb
Akk.	Akkusativ
Assimil.	Assimilierung (von)
bet.	betont

Denasal.	Denasalierung (von)
Deson.	Desonorisierung (von)
Diphth.	Diphthongierung (von)
Dissim.	Dissimilierung (von)
Endg.	Endung
conj.	Konjunktion
Ind.	Indikativ
Monophth.	Monophthongierung (von)
Nom.	Nominativ
nördl.	nördlich
östl.	östlich
Palatal.	Palatalisierung (von)
Pl.	Plural
prep.	Präposition
Redupl.	Reduplizierung (von)
Reduz.	Reduzierung (von)
s.	Substantiv
Sg.	Singular
stimmh.	stimmhaft
stimml.	stimmlos
südl.	südlich
unbet.	unbetont
v.	Verb
Velaris.	Velarisierung (von)
Vokalis.	Vokalisierung (von)
westl.	westlich

Wiedergabe von Wörtern:

FÍ̄LĬŬ (M)	im klassischen Latein belegtes Wort in lateinischer Orthographie (aber U statt V für den Vokal [u]) mit Angabe der Vokalquantitäten (Ī = langes [i], Ĭ = kurzes [i]) und des Wortakzentes (Í = Tonvokal) mit bzw. ohne das früh verstummte -M des Akkusativ Singular
RÁBIA	vulgärlateinisches Wort mit Angabe des Wortakzents
*BASSIÁRE	(zumindest im klassischen Latein) nicht belegtes vulgärlateinisches Wort mit Angabe des Wortakzents
kast. *leche*	kastilisches Wort in spanischer Orthographie
leon. *lleite*	leonesisches Wort, dargestellt mit den Mitteln der Orthographie der entsprechenden Standardsprache (hier Spanisch)
port. *formọso*, *formǫsa*	portugiesisches Wort in portugiesischer Orthographie mit Kennzeichnung des Tonvokals als geschlossen bzw. offen
kast. /ˈlece/	kastilisch *leche* in phonologischer Transkription mit ˈ vor der betonten Silbe
kast. [ˈlece]	kastilisches Wort in phonetischer Transkription mit ˈ vor der betonten Silbe

Darstellung der Laute:

(weitgehend nach API, vgl. z.B. Hadumod Bußmann, *Lexikon der Sprachwissenschaft*, 2. Aufl. Stuttgart: Kröner 1990, pp. 22/23)

Vokale:

[ị]	geschlossenes *i*
[į]	offenes *i*
[ĩ]	nasaliertes *i*
[ɨ]	ganz geschlossener zentraler Vokal wie in port. *noite* [ˈnoi̭tɨ]
[e]	= [ẹ]
[ɛ]	= [ę]
[ɐ]	geschlossenes *a*
[o]	= [ọ]
[ɔ]	= [ǫ]

Halbvokale (Halbvokal = zweiter, rein implosiver Teil eines fallenden Diphthongs):

[i̭]	implosives *i* wie in kast. *peine* [ˈpei̭ne]
[ṷ]	implosives *u* wie in kast. *causa* [ˈkaṷsa]

Halbkonsonanten (Halbkonsonant = erster, rein explosiver Teil eines steigenden Diphthongs):

[j]	explosives *i* wie in kast. *bien* [ˈbjen] (das gleiche Zeichen steht auch für konsonantisches *i*)
[w]	explosives *u* wie in kast. *bueno* [ˈbweno] (das gleiche Zeichen steht auch für konsonantisches *u*)

Konsonanten:

[ŝ]	stimmlose dento-alveolare Affrikate wie in dt. *zehn* [ˈŝe:n], auch [ts]

transkribiert

[ẑ] stimmhafte dento-alveolare Affrikate wie in ital. *zona* [ˈẑɔna], auch [dz] transkribiert

[c] stimmlose, palatale Affrikate wie in kast. *mucho* [ˈmuco], auch [tʃ] transkribiert

[ɟ] stimmhafte, palatale Affrikate wie in ital. *gioco* [ˈɟɔko], auch [ʒ̂] bzw. [dʒ] transkribiert

[ʒ̂] = [ɟ]

[φ] stimmloser, bilabialer Frikativ

[ß] stimmhafter, bilabialer Frikativ wie in kast. *lobo* [ˈloßo]

[v] stimmhafter, labiodentaler Frikativ wie in port. *uvas* [ˈuvɐʃ]

[θ] stimmloser, interdentaler Frikativ wie in kast. *caza* [ˈkaθa]

[δ] stimmhafter, interdentaler Frikativ wie in kast. *lado* [ˈlaδo]

[ɣ] stimmhafter, velarer Frikativ wie in kast. *lago* [ˈlaɣo]

[χ] stimmloser, dorso-uvularer Frikativ wie in kast. *hijo* [ˈiχo]

[h] stimmloser, laryngaler Frikativ wie in dt. *Heft* [ˈheft]

[s] stimmloser, prädorso-alveolarer Frikativ wie in port. *sala* [ˈsalɐ]

[z] stimmhafter, prädorso-alveolarer Frikativ wie in port. *casa* [ˈkazɐ]

[ś] stimmloser, apiko-alveolarer Frikativ wie in kast. *casa* [ˈkaśa]

[ź] stimmhafter, apiko-alveolarer Frikativ wie in kast. *mismo* [ˈmiźmo]

[ʃ] stimmloser palataler Frikativ wie in port. *chamar* [ʃɐˈmar]

[ʒ] stimmhafter palataler Frikativ wie in port. *José* [ʒuˈzɛ]

[r] stimmhaftes, alveolares, einmal angeschlagenes *r* wie in kast. *caro* [ˈkaro]

[r̄] stimmhafter, alveolarer Zitterlaut ('mehrfach angeschlagen, gerollt') wie in kast. *carro* [ˈkar̄o]

[ʀ] stimmloses, uvulares *r* wie in dt. *Karren* [ˈkaʀən]

[ł] velarisiertes *l* wie in port. *sal* [ˈsał]

[ʎ] palatales *l* wie in kast. *llama* [ˈʎama]

[ɱ] labiodentaler Nasalkonsonant wie in kast. *infierno* [iɱˈfjɛrno]

[ɲ] palataler Nasalkonsonant wie in kast. *año* [ˈaɲo]

[ŋ] velarer Nasalkonsonant wie in kast. *tango* [ˈtaŋgo]

1. Wiedereinstieg

Zu Beginn des zweiten Teils dieser Vorlesung sei noch einmal deren Zielsetzung und Grobgliederung in Erinnerung gerufen. Wie dem Titel der gesamten Vorlesung (*Die Ausgliederung der romanischen Sprachräume auf der Pyrenäenhalbinsel*) zu entnehmen ist, geht es um die Frage, wie und warum auf der Pyrenäenhalbinsel — die ja geographisch eine relativ klar abgegrenzte Einheit darstellt — aus dem von den Römern dorthin exportierten Latein nicht etwa nur eine, sondern zumindest drei romanische Sprachen hervorgegangen sind, von denen sich jede wieder in eine Reihe von Dialekten untergliedert.

1.1 Das Vorgehen im ersten Teil der Vorlesung

Im ersten, mit *Theoretische Grundlagen und externe Faktoren* überschriebenen Teil ging es in vier relativ kurzen Kapiteln um die allgemeinen, die theoretischen und die methodischen Grundlagen und in einem sehr viel längeren, fünften Kapitel um die externen, allgemein-historischen Fakten, die für diese iberoromanische Ausgliederung verantwortlich gemacht werden können. Von den vier Grundlagenkapiteln beschäftigte sich das erste mit der physischen Geographie der Halbinsel und deren Einfluß auf die allgemeine Geschichte. Im zweiten Kapitel haben wir versucht, uns einen ersten Überblick über die Sprachen und Dialekte zu verschaffen, die man auf der Halbinsel unterscheidet. Wir taten dies dort noch, ohne sprachliche Fakten anzuführen, die diese Unterscheidung von verschiedenen Sprachen und Dialekten rechtfertigen, und ohne nach den historischen Gründen zu fragen, die zur Herausbildung dieser Unterschiede geführt haben. Im dritten Kapitel habe ich ein Raster von Fragen vorgelegt, die man sich stellen kann, wann immer es um das Problem der Ausgliederung von Sprachen und Dialekten aus einer älteren Sprache geht; Fragen, die man sich also auch mit Blick auf die Ausgliederung des Keltischen, Germanischen, Slavischen usw. aus dem Indoeuropäischen oder hinsichtlich der Ausgliederung des Bulgarischen, Serbokroatischen, Tschechischen, Polnischen, Russischen usw. aus dem Urslavischen vorlegen könnte. Im vierten Kapitel ging es um die Theorie der Ausgliederung im engeren Sinne. Genauer gesagt: um die theoretischen Einsichten und methodischen Instrumente, die man benötigt, um einen Ausgliederungsprozeß zu verstehen und adäquat zu beschreiben. Man benötigt dazu insbesondere eine angemessene Vorstellung davon, wie sich Sprachwandel vollzieht; man benötigt dafür weiterhin den Begriff der Isoglosse und eine klare Vorstellung davon, wie man mit Hilfe von Isoglossen dialektale Einheiten abgrenzen kann. Schließlich muß man sich darüber klar sein, was damit gemeint ist, wenn einzelne dieser dialektalen Einheiten Sprachen, andere dagegen 'nur' Dialekte genannt werden.

1.2 Das Vorgehen im zweiten Teil der Vorlesung

Die Zweiteilung der Vorlesung rechtfertigt sich aber nicht durch die Trennung der allgemeinen Grundlagen von deren Anwendung auf die iberoromanische Ausgliederung. Denn das größte, fünfte Kapitel des ersten Teils war schon Anwendung. Die Zweiteilung wird vielmehr durch die Existenz zweier in sich kohärenter, aber gegensätzlicher Möglichkeiten der Darstellung eines solchen Ausgliederungsprozesses gerechtfertigt, deren Vermischung unweigerlich zu einem ernsten Mangel an Systematizität der Darstellung führen würde.

Man kann entweder von den in Frage kommenden externen Faktoren ausgehen — gemeint ist damit die allgemeine Geschichte - und sich für jede historische Epoche fragen, welches die sprachlichen Neuerungen und welches entsprechend die Gegensätze zwischen innovatorischen und konservativen Gebieten sind, die mit ihnen in Verbindung gebracht werden können. Diesem Ordnungsprinzip sind wir im fünften Kapitel des ersten Teils gefolgt, in dem wir uns diese Frage der Reihe nach für die vorrömische, die römische, die germanische, die arabische und schließlich die Reconquistazeit der Halbinsel gestellt haben. Die sprachlichen Gegensätze, die wir bei diesem Durchgang mit bestimmten Ereignissen der allgemeinen Geschichte der Halbinsel in Verbindung bringen konnten, waren vorwiegend lexikalische, seltener phonische und kaum jemals grammatische.

Eine Alternative zu diesem Vorgehen besteht darin, von den sprachlichen Neuerungen selbst auszugehen und für den phonischen, lexikalischen und/oder grammatischen Bereich nach Möglichkeit alle Neuerungen in chronologischer Reihenfolge aufzuzählen und zu zeigen, welchen Beitrag sie aufgrund der Verbreitung, die sie gefunden haben, zu der Ausgliederung geleistet haben. Dies ist das Ordnungsprinzip, dem wir im zweiten Teil der Vorlesung folgen wollen. Aus Gründen, die noch genannt werden, wollen wir uns dabei auf den phonischen Bereich beschränken. Natürlich kann man auch bei diesem Vorgehen für einzelne Neuerungen, wo es die Forschungslage erlaubt, auf Ereignisse und Entwicklungen der allgemeinen Geschichte hinweisen, mit denen sich zumindest die Verbreitung, die sie gefunden haben, in Verbindung bringen läßt. Wir werden dies auch gelegentlich tun, es dabei aber bei kurzen Verweisen auf den ersten Teil belassen, wo gerade diese Verbindungen im Zentrum des

Interesses standen. Der Vorteil des im zweiten Teil gewählten Gesichtspunkts ist der, daß es jetzt möglich ist, auch all jene Fakten zu berücksichtigen, die sich (noch) nicht mit Ereignissen und Entwicklungen der allgemeinen Geschichte in Verbindung bringen lassen und die trotzdem einen Beitrag zur Ausgliederung unterschiedlicher Sprachen und Dialekte geleistet haben.

1.3 Beschränkung auf die phonische Ausgliederung

Uns muß es im weiteren Verlauf der Vorlesung also um jene Neuerungen gehen, die zu irgendeinem Zeitpunkt im Vulgärlatein oder im Romanisch der Pyrenäenhalbinsel aufgetreten sind, die sich aber nicht auf der ganzen Halbinsel durchsetzen konnten. Von diesen Neuerungen gibt es natürlich sehr viele und sie sind auch von unterschiedlicher Wichtigkeit. Dies ist aber nicht der einzige Grund dafür, daß wir sie nicht alle aufzählen können. Wir können es auch deswegen nicht, weil viele von ihnen noch nie beim Namen genannt worden sind. Ganz grob gesprochen kann man sagen, daß die Innovationen gegenüber der gemeinsamen Grundlage im lautlichen Bereich relativ gut bekannt und relativ vollständig registriert sind, während diejenigen im grammatischen und lexikalischen Bereich weniger systematisch registriert worden sind. Das hat forschungshistorische, aber auch theoretische Gründe.

Forschungshistorisch ist zu sagen, daß seit den Tagen der Junggrammatiker, die im letzten Viertel des letzten Jahrhunderts damit begonnen haben, die gesprochenen Ortsmundarten zu beschreiben, der lautlichen Seite der Mundarten besonders große Aufmerksamkeit geschenkt wird. Dies hat mit der positivistischen Vorstellung der Junggrammatiker zu tun, nach der die Entwicklung der Sprache im lautlichen Bereich und gerade in den Mundarten besonders regelmäßig nach 'Lautgesetzen' verläuft. Und genau diese 'Lautgesetze' wollte man 'entdekken', genauso wie es in der Naturwissenschaft darum ging, die Naturgesetze zu entdecken. Entsprechend wurde auch bei der Erstellung der Fragebögen für die Sprachatlanten der phonetischen Seite besonders große Aufmerksamkeit geschenkt. Und deswegen ist es z.B. auch kein Zufall, wenn der einzige Band des *Atlas Lingüístico de la Península Ibérica,* der bis heute erschienen ist, der erste Band des phonetischen Teiles ist.

Man kann aber auch in theoretischer Hinsicht einer gewissen Privilegierung der Phonetik in der Dialektologie nicht jede Berechtigung absprechen. Denn das Prinzip der doppelten Gliederung (double articulation), das nach André Martinet für alle natürlichen Sprachen gilt, besagt ja, daß diese durch unterschiedliche Kombinationen einer relativ kleinen Anzahl von 20 bis 40 phonischen Elementen, sogenannten Phonemen, auf ökonomische Weise eine in die Tausende gehende Anzahl von *signifiants* zur Verfügung stellen. Wenn deshalb ein sprachlicher Wandel nicht einfach eine grammatische Form oder Konstruktion oder gar nur die Bedeutung eines einzelnen Wortes betrifft, sondern eines unter den 20 bis 40 Phonemen, über die eine Sprache im allgemeinen verfügt, dann hat das erhebliche Auswirkungen für das gesamte Erscheinungsbild dieser Sprache. Dies gilt sogar noch dann, wenn der Wandel das Phonem nicht in allen phonischen Umgebungen, sondern nur in bestimmten Phonemenkombinationen verändert, wenn es sich also, wie man etwas leichtsinnig zu sagen pflegt, nicht um einen 'freien', sondern nur um einen 'bedingten' oder 'kombinatorischen' Lautwandel handelt.

Angesichts dieser wissenschaftshistorischen Gegebenheiten und dieser theoretischen Überlegungen versuchen wir in dieser Vorlesung, aus einem traditionellen Übel der Dialektologie eine methodische Tugend zu machen, indem wir uns bei der Zusammenstellung dialektaler Innovationen, die zur Ausgliederung von Dialekträumen auf der Halbinsel beigetragen haben, ganz auf Innovationen im phonischen Bereich beschränken. Dies gibt uns die Möglichkeit, in diesem Bereich eine relative Vollständigkeit anzustreben, und erspart uns die Illusion, wir könnten durch Erwähnung des einen oder anderen Zuges aus dem Bereich der Grammatik und des Wortschatzes schon einen Überblick über die Gesamtheit der wichtigsten dialektalen Züge gewinnen.

Wir dürfen aber annehmen, daß dort, wo wir eine Anhäufung wichtiger phonischer Isoglossen beobachten, häufig auch wichtige morphologische und lexikalische Isoglossen verlaufen.

2. Das Latein

2.1 Klassisches, archaisches und Vulgärlatein

Es geht hier also um die Frage, was im Einzelnen die phonischen Innovationen sind, die mit ihrer unterschiedlichen Verbreitung auf der Halbinsel deren dialektale Gliederung hervorgebracht haben. Bevor wir uns diesen Innovationen zuwenden, müssen wir nach der gemeinsamen Grundlage fragen, von der sich diese Innovationen abhoben. Diese gemeinsame Grundlage fällt historisch gesehen mit einem wohl relativ archaischen Vulgärlatein zusammen.

Obwohl wir also **im Prinzip** von einem relativ archaischen Vulgärlatein als gemeinsamer Grundlage aller iberoromanischen Dialekte ausgehen müssen, bleibt uns **praktisch** gesehen nichts anderes übrig, als vom klassischen Latein auszugehen. Denn nur dieses ist uns wirklich gut bekannt.

Deshalb zunächst einige kurze Bemerkungen zu dem Verhältnis zwischen klassischem Latein, archaischem Latein und Vulgärlatein.

Das relativ einheitliche klassische Latein der uns überlieferten Schriftsteller und das regional, sozial und stilistisch sicher sehr stark differenzierte sog. Vulgärlatein gehen letztlich auf eine gemeinsame Grundlage zurück, das sog. archaische Latein, das wir uns als regional, sozial und stilistisch kaum differenzierte Sprache vorstellen dürfen.
Eine gewisse Ironie des Schicksals hat nämlich dazu geführt, daß ein Zweig der indoeuropäischen Sprachfamilie, dessen Schicksal zur Zeit der sagenhaften Gründung Roms schon besiegelt schien,

durch den kometenhaften Aufstieg dieses Stadtstaats in der antiken Welt zur Weltsprache wurde und in der modernen Welt in Form der romanischen Sprachen eine zahlreiche Nachkommenschaft hinterlassen konnte. Der latino-faliskische Zweig der indoeuropäischen Sprachfamilie lebte in der ersten Hälfte des ersten vorchristlichen Jahrtausends offenbar nur noch an zwei Stellen: in einer Ecke Siziliens, wo er später dem Latein Roms zum Opfer fiel, sowie in dem Städtchen Rom und seiner unmittelbaren Umgebung, dem Latium. Das archaische Latein wurde also tatsächlich in einem sehr kleinen Gebiet und von einer sozial wenig differenzierten, bäuerlichen Gemeinschaft gesprochen. Und das berechtigt uns zu der erwähnten Homogenitätsannahme.

Mit der allmählichen geographischen Ausdehnung des Territoriums von Rom wuchsen auch die regionalen, sozialen und stilistischen Unterschiede innerhalb des Lateins. Vielleicht hat es einmal eine Zeit gegeben, in der sich geschriebenes und gesprochenes Latein noch nicht mehr voneinander unterschieden als sich der schriftliche und der mündliche Gebrauch einer Sprache immer und überall voneinander unterscheiden müssen. Sicher ist aber, daß sich hinter dem Unterschied zwischen klassischem Latein und Vulgärlatein schon zu Lebzeiten der klassischen Schriftsteller sehr viel mehr verbarg als nur zwei verschiedene Verwendungen ein und derselben Sprache. Es muß schon um die Zeitenwende wirklich verschiedene Lateins gegeben haben. Später ist das klassische Latein noch zu römischer Zeit zu einer in gewisser Weise toten Sprache geworden. Zu einer Sprache nämlich, derer sich niemand mehr im Alltagsgespräch bediente, derer man sich aber bedienen mußte, wenn man den Griffel in die Hand nahm oder wenn man bei offiziellen Gelegenheiten das Wort ergriff. Im Alltagsgespräch sprach man dagegen verschiedene Varietäten des Vulgärlateins. Mit anderen Worten, die sprachliche Situation im Römischen Reich näherte sich, je länger je mehr, dem, was man heute eine Diglossie-Situation nennt.

Wenn wir nun für die Pyrenäenhalbinsel statt von einem relativ archaischen Vulgärlatein vom klassischen Latein ausgehen, so ist dies zwar historisch gesehen nicht richtig. Es ist aber auch nicht ganz so schlimm, wie wenn wir das für das Französische oder für das Rumänische täten. Denn wir dürfen nicht vergessen, daß gerade auf der Pyrenäenhalbinsel schon sehr früh im Zuge des Zweiten Punischen Krieges, also ca. 200 v. Chr., die ersten außeritalienischen Provinzen Roms entstanden. Zu dem Zeitpunkt, zu dem das Lateinische auf der Pyrenäenhalbinsel Fuß faßte, dürfte der Abstand zwischen den gepflegteren und den umgangssprachlichen Varietäten des Lateins noch nicht so groß gewesen sein, wie schon 150 bis 200 Jahre später, zu Lebzeiten der klassischen Schriftsteller. Auf die Halbinsel wurde zunächst ein Latein exportiert, das wohl noch einigermaßen in der Mitte stand zwischen den sozial niedrigsten Varietäten des späteren Vulgärlateins und dem späteren klassischen Latein.

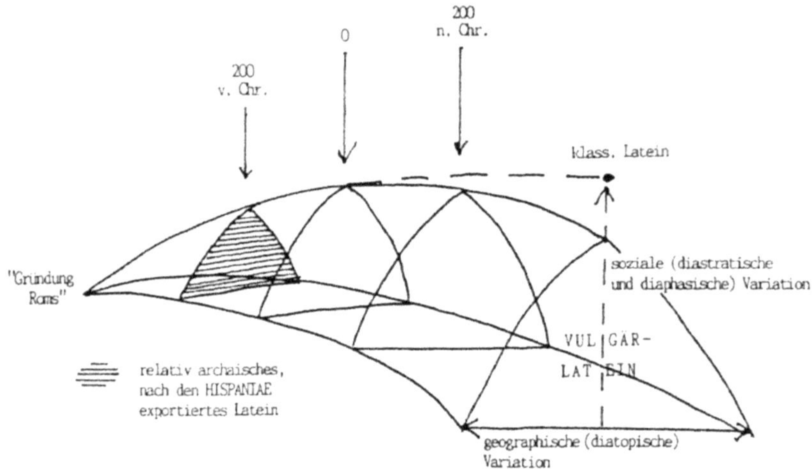

Abb. 1: *Entwicklung des Vulgärlateins und des klassischen Lateins aus dem archaischen Latein*

2.2 Die phonische Seite des klassischen Lateins

Aber wie sah nun das klassische Latein, von dem wir annehmen wollen, daß es sich nicht allzu sehr von dem nach Hispanien importierten Latein unterschied, im lautlichen Bereich aus? Nun, es verfügte über fünf Vokale, vier fallende Diphthonge und 14 bzw. 15 Konsonanten, wie auf dem folgenden Schema dargestellt. Dort ist in Klammern hinzugefügt, wie der jeweilige Laut im Lateinischen geschrieben wurde. Man spricht von 14 oder 15 Konsonanten, weil der Status des H nicht ganz geklärt ist. Im archaischen Latein gab es ein entsprechendes Phonem mit Sicherheit. Aber im Vulgärlatein ist dieses Phonem spurlos verschwunden. Und dieser Zustand war im Vulgärlatein wohl schon erreicht, als die Romanisierung der Halbinsel einsetzte. Dagegen wurde H in gepflegterem Latein zumindest weiterhin geschrieben und es wurde dort sogar gelegentlich per Hyperkorrektion eingeführt, wo es etymologisch gesehen gar nicht hingehörte. So findet man z.B. im klassischen Latein neben Ŏ́NŬS, -ĔRĬS n. "die Last" auch HŎ́NŬS.

Vokale:

i (I)				u (V)	Diphthonge (fallend):
	e (E)		o (O)		ae (AE bzw. Æ)
		a (A)			oe (OE bzw. Œ)
					au (AV bzw. AV)
					eu (EV bzw. EV)

Konsonanten:

p (P) b (B) f (F) w (V)	t (T) d (D) s (S) j (I)	k (C, Q) g (G) h (H)
	r (R) l (L)	
m (M)	n (N)	

Abb. 2: *Das Phonemsystem des klassischen Lateins (lateinische Schreibung in Klammern)*

Es ist wichtig, sich einmal klarzumachen, daß auch die an deutschen Gymnasien übliche Aussprache des klassischen Lateins erheblich von der für dieses Latein rekonstruierbaren Aussprache abweicht. Will man diese rekonstruierbare Aussprache imitieren, dann muß man im Bereich der Vokale die Diphthonge wirklich so sprechen wie sie geschrieben werden. Weiterhin darf man die Vokale I und V (z.B. in MŬLĬ́ĔRĔM oder Ắ CŬĂM "ich werde schärfen" zu ĂCŬ́ĔRĔ — die Römer schrieben ACVAM, ACVERE) nicht wie [j] oder [w] aussprechen, denn sie bilden eine eigene Silbe und sind demnach wirklich wie [i] bzw. [u] auszusprechen.

Im Bereich der Konsonanten wäre darauf zu achten, daß C immer als [k] auszusprechen ist und S immer als stimmloses [s]. P, T, C bzw. Q wären immer unbehaucht auszusprechen, R immer apikal wie im modernen Italienischen und konsonantisches V aller Wahrscheinlichkeit nach immer als [w]. Für diese Aussprache von V spricht unter anderem die Tatsache, daß dieser Laut genauso geschrieben wird wie der mit Lippenrundung gesprochene Vokal [u]. Ganz entsprechend wurde ja auch der Konsonant [j] von den Römern genauso geschrieben wie der nächstverwandte Vokal [i].

Man glaubt auch eine Reihe von wichtigen Allophonen der lateinischen Phoneme zu kennen. So wurden z.B. im Bereich der Vokale lange Vokale mit Sicherheit geschlossener als kurze Vokale ausgesprochen. Bei den Graphien NS und NF wurde das N nicht ausgesprochen und stattdessen der vorausgehende Vokal nasaliert. Im Bereich der Konsonanten wurde L vor Konsonant und Pause bzw. nach A, O, U vermutlich velar ausgesprochen, N vor velarem Konsonant vermutlich [ŋ]. M war im Auslaut "irgendwie reduziert". Denn es gab lateinische Grammatiker, die vorschlugen, in dieser Position nur ein halbes M zu schreiben.

Mit seinen fünf Vokalen und seinen 14 Konsonanten verfügte das klassische Latein über ein im Prinzip äußerst einfaches Phonemsystem. Diese relative Armut was das Inventar der zur Verfügung stehenden Einheiten betrifft wurde kompensiert durch eine Kombinationsmöglichkeit, die in dieser Weise in keiner der uns vertrauteren modernen Sprachen besteht. Denn im Prinzip konnte im Lateinischen jedes Phonem einfach oder doppelt bzw. — wie man sich bei den Vokalen auszudrücken pflegt — kurz oder lang vorkommen. Daß man lange Vokale nicht doppelt schrieb, wie das im modernen Finnischen üblich ist, sondern allenfalls durch ein diakritisches Zeichen kenntlich machte, hängt wohl damit zusammen, daß die beiden Vokale in einem langen Vokal nicht wie die beiden Konsonanten in einem Doppelkonsonant zu zwei verschiedenen Silben gehören. Natürlich hätte man auch die Doppelkonsonanz genauso wie die Länge beim Vokal durch ein diakritisches Zeichen kenntlich machen können, wie wir das ja gelegentlich im Deutschen und wie man das regelmäßig im Arabischen durch das Taschdid tut.

Dieser dauernde Wechsel von einfachen und doppelten bzw. kurzen und langen Vokalen und Konsonanten muß der lateinischen Rede einen für uns exotischen Rhythmus aufgeprägt haben. Denn keine andere westeuropäische Sprache hat diese Möglichkeit. Im Deutschen schreiben wir zwar Doppelkonsonanten, wir sprechen sie aber nicht als solche aus. Und wir haben zwar lange und kurze Vokale, aber nur unter dem Akzent. Das Italienische verfügt zwar noch über die phonische Doppelkonsonanz des Lateinischen, aber nicht mehr über einen phonologischen Längenunterschied bei den Vokalen. Und das Französische oder Spanische verfügen heute phonologisch gesehen weder im Bereich der Vokale, noch in dem der Konsonanten über eine Opposition des Typs kurz/lang bzw. einfach/doppelt. Was also den Rhythmus betrifft, so ähnelte das klassische Latein eher dem modernen Finnischen oder dem klassischen Arabischen als irgendeiner modernen romanischen Sprache.

Ein Wort noch zum Wortakzent im klassischen Lateinischen. Dieser wurde wohl primär durch Tonhöhe und allenfalls sekundär exspiratorisch oder, wie man auch sagt, dynamisch markiert. Er fiel bei mehrsilbigen Wörtern auf die vorletzte bzw. auf die vor-

vorletzte Silbe, und zwar je nachdem, ob die vorletzte Silbe lang war oder nicht. Als lang galt die Silbe, wenn der in ihr enthaltene Vokal lang war (und als lange Vokale galten auch die Diphthonge) oder wenn die Silbe durch einen Konsonanten gedeckt war. Wenn die vorletzte Silbe kurz war, d.h. wenn sie nur einen kurzen Vokal enthielt, auf den auch kein Konsonant mehr folgte, dann fiel der Akzent automatisch auf die drittletzte Silbe. Diese Akzentregel ist deshalb so wichtig, weil — von wichtigen Ausnahmen abgesehen, von denen noch die Rede sein wird — die Stelle des Akzentes in den romanischen Sprachen trotz aller phonischen Veränderungen, die das Wort sonst erfahren haben mag, noch dieselbe ist wie im Latein.

2.3 Zwei suprasegmentale Innovationen im Vulgärlatein

Das Vulgärlatein hat sich nun, je länger je mehr, von dem eben beschriebenen phonischen Zustand des klassischen Lateins entfernt, von dem wir ja annehmen, daß er demjenigen des nach der HISPANIA exportierten Vulgärlateins relativ gut entspricht. Viele der späteren Neuerungen im Vulgärlatein, die vom Zentrum des Reiches ausgegangen sind, haben sich noch die ganze Hispania erobert. Für die meisten gilt das allerdings schon nicht mehr. Und es gilt erst recht nicht für die Neuerungen, die erst nach dem Auseinanderbrechen des Römischen Reiches auf der Halbinsel aufgetreten sind. Unter den Neuerungen des ersten Typs sind zwei, die aufs Engste miteinander zusammenhängen, so fundamentaler Natur, daß wir sie gleich hier behandeln müssen.

2.3.1 Wandel in der Natur des Akzents

Der erste dieser Wandel wurde wohl, wenn auch in verschiedenem Ausmaß, in dem gesamten lateinischsprechenden Teil des Römischen Reiches durchgeführt, und er hat viele andere Veränderungen nach sich gezogen. Aus dem primär musikalischen, d.h. durch die Stimmhöhe markierten Akzent des älteren Lateins wurde im Vulgärlatein ein primär durch den exspiratorischen Druck, also durch die Lautstärke markierter, dynamischer Akzent. Die Folge davon ist, daß man für die weitere lautliche Entwicklung im Latein und in den romanischen Sprachen grundsätzlich zwischen verschiedenen Silbentypen unterscheiden muß, je nachdem, ob die Silbe selbst den Ton trägt, ob sie der betonten Silbe unmittelbar vorausgeht bzw. folgt oder ob es sich dabei um die erste oder die letzte Silbe des Wortes handelt. Denn unter dem dynamischen Akzent werden in der Folge Lautunterschiede beibehalten bzw. sogar gesteigert, die in der ersten Silbe und im Auslaut schon bald aufgegeben werden. Und Silben, die sich in unmittelbarer Nachbarschaft der betonten Silbe befinden, aber weder die erste noch die letzte Silbe des Wortes bilden, erweisen sich in der Folge als in ihrer Existenz bedroht. Wir kommen gleich nachher darauf zurück.

2.3.2 Umwandlung der Hiatus in Diphthonge

Eine weitere wichtige Neuerung, die ebenfalls den ganzen lateinischsprachigen Teil des Reiches erreicht hat und die mit der eben genannten in Zusammenhang steht, betrifft den lateinischen Hiatus. Unter einem Hiatus versteht man eine Abfolge von zwei Vokalen, die nicht durch einen Konsonanten getrennt sind und doch keinen Diphthong bilden, sondern zwei verschiedenen Silben zugehören. Solche Hiatus waren im Lateinischen relativ häufig. Sie wurden im Vulgärlatein zu Diphthongen zusammengezogen, und dabei kam es häufig zu einer Akzentverschiebung. Nehmen wir zwei Beispiele: die Akkusativformen MŬLĬ́Ĕ-RĔM und FĬLĬ́ŎLŬM waren im älteren Latein viersilbig. Da die vorletzte Silbe kurz war, fiel der Akzent auf das vorausgehende [i]. Wollte man die beiden aufeinanderfolgenden Vokale zu einem Diphthong zusammenziehen, so war es natürlich, den Akzent auf den offeneren Vokal des Diphthongs zu verschieben. Aus dem betonten Vokal [i] wurde der Halbkonsonant [j], so daß jetzt MULIÉRE und FILIÓLU gesprochen wurde. (Entsprechend wurde auch aus Ĕ bzw. Ŭ, Ŏ in Hiatusstellung beim Zusammenziehen in einen Diphthong [j] bzw. [w]; vgl. Appendix Probi: VINEA non VINIA, LANCEA non LANCIA, CLOACA non CLVACA.)

Hier haben wir also eine der wenigen Ausnahmen zu der allgemeinen Regel, nach der der Platz des Akzentes beim Übergang vom Latein zu den romanischen Sprachen unverändert bleibt. Es gibt noch einige andere Ausnahmen zu dieser allgemeinen Regel, vor allem solche, die griechische Lehnwörter betreffen, oder solche, die mit dem Phänomen der Rekomposition in Zusammenhang stehen. Hier nur ganz kurz ein Beispiel für das zuletzt erwähnte Phänomen: Im älteren und klassischen Latein standen die Verbformen TĔ́NĔT "er hält" und RĔ́TĬNĔT "er hält zurück" nebeneinander. Im Vulgärlatein bestand offenbar das Bedürfnis, den semantischen Zusammenhang zwischen diesen beiden Verben morphologisch wieder deutlicher zum Ausdruck zu bringen. Man ersetzte RĔ́TĬNĔT durch *RĔTĔ́NĔT und verschob dabei auch den Akzent wieder auf die alte Stammsilbe.

Jetzt aber zurück zu MULIERE und FILIOLU. Wir können das, was wir an diesen beiden Beispielen beobachtet haben, als generelle Regel formulieren. Die Vokale [e], [i] und [o], [u] des älteren Lateins verwandeln sich dort, wo ihnen ein offenerer Vokal folgt, in die Halbkonsonanten [j] und [w]. Der (halb)konsonantische Charakter dieser beiden neuen Laute zeigt sich unter anderem auch darin, daß sie in der Folge von den vorausgehenden Konsonanten absorbiert wurden und allenfalls noch die Vokale der vorangehenden Silbe, aber nicht mehr die auf sie selbst folgenden Vokale beeinflußt haben.

2.4 Prothetisches *e-/i-* vor *s*-impurum

Am Ende dieses Kapitels ist noch eine vulgärlateinische Innovation zu erwähnen, die zwar punktuellerer Natur ist, sich aber wie die bislang erwähnten weder dem Vokalismus, noch dem Konsonantismus eindeutig zuschlagen läßt. Gemeint ist das Auftreten eines prothetischen Vokals bei Wörtern, die im klassischen Latein auf ein von P, T oder C gefolgtes S anlauteten (sog. *s*-impurum). Bekanntlich hat es auch im germanischen Bereich mit diesen Konsonantenverbindungen im Wortanlaut Schwierigkeiten gegeben. Im Hochdeutschen sind aus den germanischen Anlautverbindungen **sp-*, **st-*, **sk-* die Lautverbindungen [ʃp-], [ʃt-], [ʃ-] geworden (vgl. z.B. dt. *Speck, Stuhl, Schiff* und entsprechend auch in den lateinischen Lehnwörtern *spazieren, Straße* und *Schule*). Die süddeutschen Dialekte sind hier noch sehr viel weiter gegangen, indem sie diese Verbindungen zum Teil auch im Wortinlaut entsprechend verändert haben. Im lateinischsprechenden Teil des römischen Imperiums sind offenbar viele Sprecher dazu übergegangen, dem wortanlautenden *s*-impurum einen palatalen Vokal (*i* oder *e*) vorauszuschicken. Die noch heute im literarischen Italienisch erhaltenen Zustände, wo man *a scuola*, aber *in iscuola* sagt, deuten darauf hin, daß der prothetische Vokal zunächst nur dann eingeschoben wurde, wenn das vorausgehende Wort auf Konsonant endete. Weiter westlich wurde der prothetische Vokal aber zumindest in Gallien und auf der Pyrenäenhalbinsel generalisiert und sogar auf die griechischen und germanischen Lehnwörter ausgedehnt, bei denen auf anlautendes *s-*, *m* oder *n* folgten. Während im Altfranzösischen noch *i* und *e* als prothetische Vokale vor *s*-impurum miteinander konkurrieren, hat sich auf der Iberischen Halbinsel und später auch im Französischen *e* durchgesetzt (vgl. span. *esposa, estado, escuela, esmeralda* und — nach Verstummen des *s* — franz. *épouse, état, école, émeraude*).

3. Vokalismus

Nachdem wir uns im vorausgehenden Kapitel mit der phonischen Seite des klassischen Lateins, mit der Veränderung der Natur des lateinischen Akzentes und drei wichtigen Veränderungen in der Silbenstruktur vieler lateinischer Wörter beschäftigt haben, wenden wir uns jetzt dem Vokalismus zu, um dessen Schicksal bis hin zu den modernen iberoromanischen Mundarten im Groben kennenzulernen.

3.1 Allgemeine Veränderungen im vulgärlateinischen Vokalismus

3.1.1 Sog. Quantitätenkollaps

Auch hier ist zunächst ein ganz allgemeiner Wandel zu nennen, der den gesamten Vokalismus des Vulgärlateins in seiner ganzen geographischen Ausbreitung tangiert. Wir haben schon gesehen, daß lange Vokale im älteren Latein geschlossener ausgesprochen wurden als kurze Vokale. Dieser Unterschied war bei A wohl minimal, sofern er dort überhaupt gemacht wurde. Bei allen übrigen Vokalen war er aber deutlich wahrnehmbar. Im Vulgärlatein trat nun, wohl wieder im Zusammenhang mit der Veränderung der Natur des Akzentes, eine wichtige Veränderung ein: der bedeutungsrelevante Unterschied zwischen langen und kurzen Vokalen wurde aufgegeben (sog. Quantitätenkollaps). Damit wurden nun aber nicht einfach aus zehn Vokalen (fünf kurzen und fünf langen) fünf Vokale, sondern neun Vokale, denn außer bei A blieb der qualitative Unterschied im Öffnungsgrad auch nach dem Verzicht auf den quantitativen Unterschied bestehen. Das Vulgärlatein verfügte also vorübergehend über folgendes Vokalsystem:

ị ụ

į ų

ẹ ọ

ę ǫ

a

3.1.2 Übergang zum sog. vulgärlateinischen Vokalsystem

Die weitere Entwicklung dieser neun Vokale ist gekennzeichnet durch den Übergang zu dem sog. vulgärlateinischen Vokalsystem, der sich aber, trotz dieses etwas irreführenden Namens, nicht mehr im ganzen lateinischsprachigen Teil des Reiches vollzogen hat. Sardinien, das südliche Italien und Dakien haben an ihm so nicht mehr teilgenommen. Wohl aber der ganze Westen und mit ihm — sofern man von dem Auslautvokalismus einmal absieht, von dem noch die Rede sein wird — auch die Pyrenäenhalbinsel. Im Zuge dieses Übergangs fielen die offenen [į] und [ų] mit den geschlossenen [ẹ] und [ọ] zusammen (vgl. Appendix Probi: COLUMNA non COLOMNA, TURMA non TORMA). Damit reduzierte sich die Anzahl der Vokale auf sieben. Die fallenden Diphthonge OE, z.B. in PÓENĂ, und AE, z.B. in CÁELŬ, waren schon zuvor generell mit [ẹ́] bzw. [ę́] zusammengefallen. Das resultierende sog. vulgärlateinische Vokalsystem hatte also die folgende Form:

i u

ẹ ọ

ę ǫ

a

Für das weitere Schicksal der lateinischen Vokale bis hin zu den iberoromanischen Mundarten müssen wir, wie schon in 2.3.1 erläutert, nach der Position der Silbe in Relation zum Wortakzent unterscheiden. Dabei spielt es in der Iberoromania — anders als in der Gallo- und in der Italoromania — keine Rolle, ob wir es mit gedeckten oder freien Silben zu tun haben, mit Silben also, in denen auf den Vokal noch ein Konsonant folgt oder nicht. Entscheidend ist allein die Position der Silbe relativ zum Wortakzent.

3.2 Tonsilbenvokalismus

3.2.1 Spanische Diphthongierung

Es ist auch auf der Pyrenäenhalbinsel in den betonten Silben nicht überall bei den in 3.1.2 vorgestellten vulgärlateinischen Resultaten geblieben. In bestimmten Gegenden der Halbinsel wurden offenes [ę́] und offenes [ǫ́] diphthongiert. Diese Erscheinung beobachtet man in allen spanischen Dialekten, also im Leonesischen, Aragonesischen und Kastilischen. Sie macht aus offenem [ę́] und offenem [ǫ́] je nach dem phonischen Kontext die Diphthonge [jé] und [wé] bzw. [jɛ́] und [wɛ́]. So werden aus lat. PŎ́RCŬ und TĔ́RRĂ span. *puerco* und *tierra*. Im Nordwesten und im Nordosten treten auf der Grenze zum nichtdiphthongierenden Galicisch und Katalanisch statt [je] gelegentlich auch [ja] und statt [we] gelegentlich auch [wa] oder [wo] auf.

Wichtiger als diese heute marginalisierten Reste einer Zeit, in der die Resultate der Diphthongierung noch stark schwankten, ist die Tatsache, daß die Diphthongierung nicht überall alle betonten offenen [ę́] und [ǫ́] betraf. Normalerweise beobachtet man in solchen Fällen ein gewisses Auslaufen des Wandels, je mehr man sich den Außengrenzen des von ihm betroffenen Gebietes nähert. Ein Wandel, der im Zentrum des Gebiets generell durchgeführt wird, findet am Rand nur noch unter bestimmten Bedingungen statt, bis man sein Resultat schließlich nur noch in einzelnen Wörtern antrifft. Bei der spanischen Diphthongierung ist das in gewisser Weise umgekehrt.

In den lateralen Dialekten Leonesisch und Aragonesisch werden alle betonten, offenen [ę] und [ǫ] diphthongiert. Im zentralen Kastilisch findet man heute unter bestimmten Bedingungen keine Diphthonge. Sie fehlen immer dann, wenn auf den betonten Vokal ein palatales 'jothaltiges' Element folgt bzw. zur Zeit der Diphthongierung folgte. So wurden aus lat. ŎCŬLŬ "das Auge" und LĔCTŬ "das Bett" nicht kast. **huejo* und **liecho*, sondern *ojo* und *lecho*. Auch wenn heute in *ojo* auf den betonten Vokal nicht mehr ein palataler Konsonant folgt wie in *lecho*, sondern ein velarer, so ist doch sicher, daß dies zu der Zeit, in der in bestimmten Teilen der Halbinsel aus *pǫ́rco puérco* wurde, auch hier der Fall war. Es muß sich dabei entweder um ein [ʎ] oder um ein [ʒ] gehandelt haben.

Die merkwürdigen Ausnahmen von der spanischen Diphthongierung im Kastilischen erscheinen in einem anderen Licht, wenn man sie mit den Verhältnissen im Katalanischen vergleicht. Die Fortsetzer von lat. ŎCŬLŬ und LĔCTŬ lauten dort nämlich *ull* und *llit* und nicht, wie man erwarten könnte, **oll* und **llet*. Man hat dies zunächst durch folgende Annahme zu erklären versucht: Es habe auch im Katalanischen eine Diphthongierung gegeben, und zwar gerade in den Fällen, in denen sie im Kastilischen ausgeblieben ist. Diese Diphthongierung habe in unseren beiden Beispielen zu Resultaten des Typs [*weʎ] und [*ʎjei̯t] geführt.

Dann habe aber das palatale Element (Jot!), das die Diphthongierung ausgelöst habe, auch noch zur Reduktion des Diphthongs auf seinen ersten Bestandteil geführt. Und so seien aus [*weʎ] und [*ʎjei̯t] *ull* und *llit* geworden. Also vor 'Jot' einerseits [ǫ́] > *[wé] oder *[wó] > [ú], andererseits [ę́] > *[jé] > [í].

Sollte es in der Vorgeschichte des Katalanischen tatsächlich eine Diphthongierung vor Jot gegeben haben, dann ist wohl das ganze Problem der Diphthongierung auf der Pyrenäenhalbinsel etwas anders zu sehen. Man könnte z.B. davon ausgehen, daß zunächst in dem ganzen den Westgoten unterstehenden Teil der Hispania (also vom Mittelmeer bis an die Grenze Galiciens) betontes, offenes [ę́] und [ǫ́] nur vor palatalem Konsonant verändert wurden. Und zwar hätte diese Veränderung nach dieser Hypothese in der Regel in einer Diphthongierung dieser Tonvokale bestanden. Nur in unmittelbarer Nachbarschaft des baskischen Sprachgebiets, wo wegen des baskischen Substrats ganz besondere Verhältnisse herrschten, hätte die fragliche Veränderung von vornherein in einer Schließung der Tonvokale [ę́] und [ǫ́] zu [ẹ́] und [ọ́] bestanden. Als die Diphthongierung später im Zentrum der Halbinsel auf alle betonten, offenen [ę́] und [ǫ́] ausgedehnt wurde, wurde diese generelle Diphthongierung von [ę́] und [ǫ́] auch in das romanisch-baskische Grenzgebiet importiert, aus dem später das Kastilische hervorgehen sollte. Sie konnte aber dort die ehemals offenen, betonten [ę́] und [ǫ́] vor Palatalkonsonant nicht mehr erfassen, weil diese bereits zu geschlossenen [ẹ́] und [ọ́] geworden waren.

Eine alternative Erklärung zu der eben referierten Hypothese sieht so aus: Man geht davon aus, daß der offene Tonvokal auch im Katalanischen vor jothaltigem Palatalkonsonant nicht erst

diphthongiert, sondern sofort geschlossen wurde, aber nicht wie im baskischen Grenzgebiet nur um einen Grad, sondern gleich um zwei Grade (also [ę́] bzw. [ǫ] vor 'Jot' > [í] bzw. [ú]). Damit erspart man sich den Umweg über die für das Katalanische ganz hypothetische Diphthongierung vor palatalem Element. Man muß aber zu bedenken geben, daß eine solche Diphthongierung vor Jot im Okzitanischen, der nördlichen Nachbarsprache des Katalanischen, tatsächlich stattgefunden hat. Außerdem ist die Reduktion eines steigenden Diphthongs auf sein erstes Element vor einem palatalen Element keine ungewöhnliche Sache. Genau diese Entwicklung, die für das Katalanische Hypothese bleibt, beobachtet man später im Kastilischen, z.B. in dem auf lat. -Ĕ́LLŬ zurückgehenden Suffix *-iello*. Aus ihm wird bekanntlich *-illo*, vgl. lat. CĂSTĔ́LLŬ > altspan. *castiello* > mod. *castillo*.
Sei dem, wie dem wolle. Wir können jedenfalls schon jetzt für die Iberoromania zwei wichtige Innovationen gegenüber dem sog. vulgärlateinischen Tonvokalsystem festhalten. In einem Areal, das mit Ausnahme des Galicisch-Portugiesischen die ganze Iberoromania umfaßt und das nördlich der Pyrenäen noch eine Fortsetzung findet, haben sich offenes [ę́] und [ǫ́] unter dem Einfluß eines nachfolgenden jothaltigen Palatalkonsonanten verändert. Diese Veränderung bestand in einer Diphthongierung und/oder in einer Schließung. Zweitens: Im Zentrum der Halbinsel wurden später alle offenen [ę́] und [ǫ́] diphthongiert. (Dabei könnte es sich um eine Generalisierung einer ursprünglich nur vor Jot erfolgten Diphthongierung handeln.) Diese generelle Diphthongierung bezeichnet man als die spanische Diphthongierung. Sie erreicht weder das Galicisch-Portugiesische noch das Katalanische. Ihren Namen trägt sie zu Recht, denn man ist übereingekommen, alle spanischen Dialekte gerade aufgrund dieser Isoglosse von den nicht-spanischen Dialekten abzugrenzen.

Spanische Dialekte sind eben all jene, in denen aus lat. TẾRRĂ und PỐRCŬ diphthongierte Formen des Typs *tierra* und *puerco* werden.

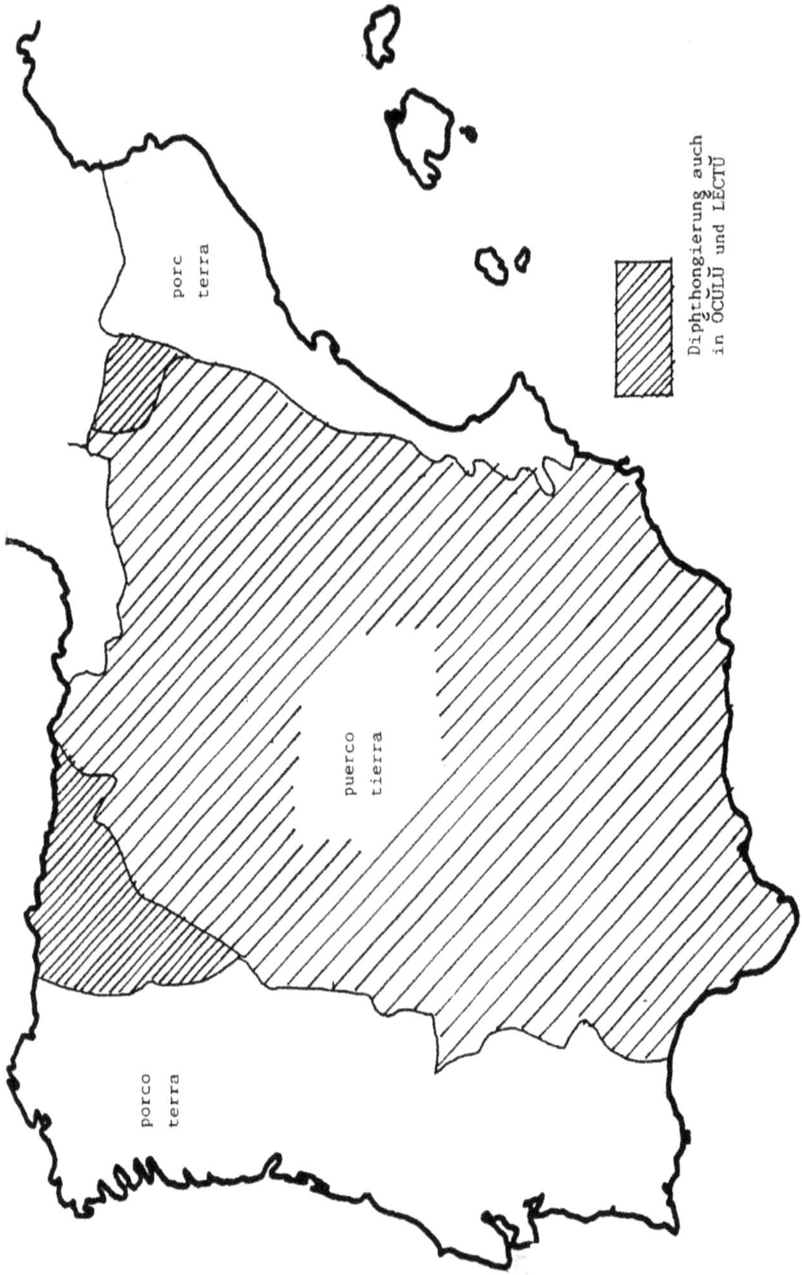

Karte 1: *Die spanische Diphthongierung*

3.2.2 Schicksal von vulg.lat. [ẹ́] und [ę́] im Katalanischen

Damit sind wir aber mit der Weiterentwicklung des vulgärlateinischen Tonsilbenvokalismus noch nicht zu Ende. Es ist zunächst noch von zwei merkwürdigen Entwicklungen im Katalanischen zu berichten, die dort die beiden vulgärlateinischen *e*-Laute betreffen, also das offene und das geschlossene *e*. Das Schicksal des offenen [ę́] ist im gesamten katalanischen Sprachgebiet im wesentlichen dasselbe gewesen, während dasjenige des geschlossenen [ẹ́] in verschiedenen Regionen des Katalanischen recht unterschiedlich gewesen ist. Beginnen wir mit dem offenen [ę́]. Dieser Laut wurde in der Mehrzahl der phonetischen Umgebungen zu einem [ẹ́] geschlossen. Betrachten wir dazu eine Reihe von lateinischen Wörtern und ihre Fortsetzungen im Ostkatalanischen, wie es in Barcelona gesprochen wird. Dort wird z.B aus SĔ́LLĂ > *sẹlla*, aus BRĔ́VĔ > *brẹu*, aus SĔ́CĂT > *sẹga*, aus LĔ́VĂT > *llẹva*, aus PRĔ́SSĂ > *prẹssa*, aus Ĕ́ST > *ẹs*, aus Ĕ́RĂT > *ẹra*, aus MŬLĬ́ĔRĔ > *mullẹr*, aus PĔ́TRŬ > *pẹre*, aus SĔ́MPĔR > *sẹmpre*, aus CĔ́NTŬ > *cẹnt*, aus VĔ́NĪS > *vẹns*, aus MĔ́DĬCŬ > *mẹtge*, usw. Es gibt auch eine Reihe von phonetischen Umgebungen, in denen dieser Wandel nicht zu beobachten ist. So z.B. vor silbenschließendem R, vor intervokalischem L und vor implosivem [û̯], das auf in den Auslaut geratenes [δ] bzw. [ẑ] zurückgeht. Vergleichen Sie dazu FĔ́RRŬ > *fęrro*, APĔ́RTŬ > *obęrt*, TĔ́RTĬĂ > *tęrça*, CÁELŬ > *cęl*, GĔ́LĂT > *gęla*, PĔ́DĔ > *pęu*, DĔ́CĔ > *dęu*, usw. Die hier gegebene Regel für die Ausnahmen ist nur ganz approximativ.

Nun zu geschlossenem [ẹ́], dem sich, wie in 3.1.2 ausgeführt, auch das ehemals kurze und dann offene [į] und der fallende Diphthong OE angeschlossen haben. Dieser Laut bleibt im Westkatalanischen geschlossen, und er bleibt es überall, wenn ihm einer der Palatalkonsonanten [ʒ, i, j, ɲ, ʒ̂] bzw. [ŋ] folgen. Ist dies aber nicht der Fall, dann finden wir im ganzen Ostkatalanischen einschließlich des Rossellonesischen und des Balearischen einen offeneren *e*-Laut, wie aus der Karte 2 ersichtlich, die auf den 1989 verstorbenen Erlanger Romanisten Heinrich Kuen zurückgeht. Sie zeigt, daß im zentralen Teil des Ostkatalanischen (sog. Prinzipat) an Stelle des ursprünglich geschlossenen [ẹ́] ein offenes [ę́] erscheint, während wir im Rossellonesischen ein mittleres *e* und im Balearischen ein abgestumpftes *e* des Typs [ə] finden. Dafür wieder einige lateinische Wörter mit ihren Fortsetzern im Ostkatalanischen des Prinzipats: CĂTḖNĂ > *cadęna*, PLḖNĂ > *plęna*, PĬ́RĂ > *pęra*, SPĬ́SSĂ > *espęssa*, usw.

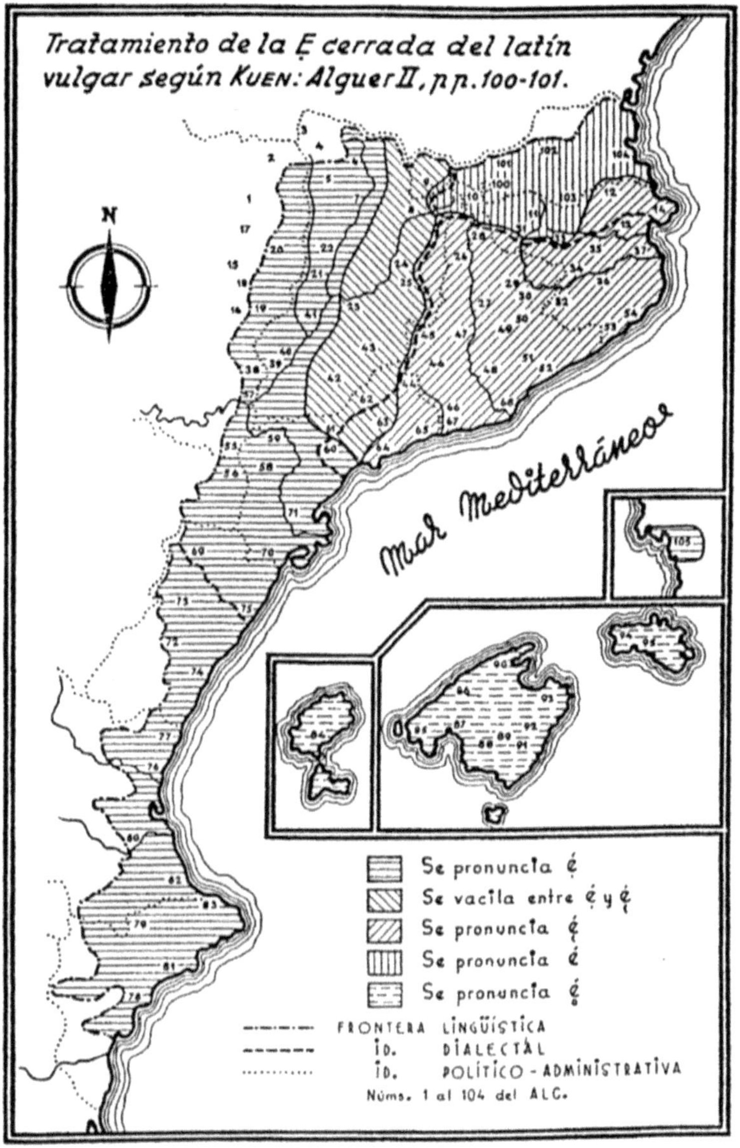

Karte 2: *Tratamiento de la Ẹ cerrada del latín vulgar según Kuen* (aus: Antonio Badia Margarit, *Gramática histórica catalana*, Barcelona: Noguer 1951, p. 139)

So ergibt sich also der denkwürdige Fall, daß im zentralen Teil des Ostkatalanischen, dem sog. Prinzipat, die vulgärlateinischen Verhältnisse im Bereich der *e*-Laute geradezu auf den Kopf gestellt sind. Aus dem offenen [ę́] wurde in der Regel ein geschlossenes, aus dem geschlossenen [ẹ́] ein offenes (vgl. PĔ́TRŬ > *Pere* [ˈperə] "Peter" vs. PĬ́RĂ > *pera* [ˈpɛrə] "Birne"). So einfach können die Dinge aber nicht vor sich gegangen sein, denn zwei Züge, die sich auf dem gleichen Gleis in entgegengesetzter Richtung begegnen, stoßen unweigerlich zusammen. Eines der e muß einen Umweg genommen haben.

Man nimmt mit guten Gründen an, daß der Umweg über jenen Laut geführt hat, der heute noch im Balearischen erhalten ist. Hat sich doch auf den Balearen auch in vielen anderen Fällen ein im Vergleich zum Festland älterer Sprachzustand erhalten. Auch im Prinzipat und im Roussillon wäre also aus geschlossenem [ẹ́] unter dem Akzent zunächst wie im Balearischen ein [ə] geworden. Und aus diesem Laut wäre später, nachdem die Position des offenen [ę́] freigeworden war, im Prinzipat offenes [ę́] und im Rossellonesischen ein mittleres [é] hervorgegangen.

3.2.3 Entwicklung der Tonvokale im Galicisch-Portugiesischen

Damit haben wir nach der spanischen Diphthongierung eine zweite, für die dialektale Gliederung der Halbinsel sehr wichtige Erscheinung kennengelernt. Während die Erscheinungen im Zusammenhang mit der spanischen Diphthongierung uns die Möglichkeit eröffnet haben, die spanischen Dialekte von den galicisch-portugiesischen einerseits und den katalanischen andererseits abzugrenzen und innerhalb der spanischen Dialekte das Kastilische vom Asturleonesischen und Aragonesischen zu unterscheiden, eröffnen uns die Vorgänge im Bereich der betonten *e*-Laute im Osten der Halbinsel die Möglichkeit, eine Grenze zu ziehen zwischen dem West- und dem Ostkatalanischen und obendrein noch zu zeigen, daß das Rossellonesische und das Balearische im Rahmen des Ostkatalanischen gelegentlich ältere Zustände bewahren.

Damit kommen wir allmählich mit dem, was zur Entwicklung des Tonsilbenvokalismus auf der Halbinsel zu sagen ist, zu Ende. Es dürfte aufgefallen sein, daß vom Galicisch-Portugiesischen in diesem Zusammenhang bislang überhaupt noch nicht die Rede war. Dürfen wir daraus schließen, daß sich dort das sog. vulgärlateinische Tonvokalsystem unverändert erhalten hat? Nun, ganz so einfach ist es — wie wir noch sehen werden — doch nicht. Aber tendenziell stimmt doch, daß sich der sog. vulgärlateinische Tonsilbenvokalismus mit [í], [é], [έ], [á], [ɔ́], [ó] und [ú] nirgends in der Romania so gut erhalten hat wie in dem übrigens häufig auch in morphologischer und syntaktischer Hinsicht extrem konservativen Portugiesisch und Galicisch. Vgl. dazu lat. ĂMĪ́CŬ > port. *amigo*, lat. NĬ́GRŬ > port. *negro* [ˈneɣru̥], lat. PĔ́DĔ > port. *pé* [ˈpɛ], lat. CẮPŬ > port. *cabo*, lat. RŎ́TĂ > port. *roda* [ˈʀɔδɐ], lat. FLṒRĔ > port. *flor* [ˈflor] und lat. MŪ́TŬ > port. *mudo*. Die etymologische Verteilung der Öffnungsgrade präsentiert sich heute freilich insbesondere in der Deklination und Konjugation als durch Umlauterscheinungen und Analogien erheblich gestört (vgl. 3.3.3).

Nur im Portugiesischen, nicht im Galicischen, ist zu den sieben vulgärlateinischen Tonvokalen noch ein geschlossenes [ɐ́] hinzugekommen. Es geht — wie gal.-port. [á] — auf vulg.lat. [á] zurück. Zu der Schließung kam es offenbar im Zusammenhang mit der Nasalierung der Vokale vor Nasalkonsonant, von der gleich noch die Rede sein wird. Das so entstandene [ɐ̃] blieb dann auch dort geschlossen, wo sich die Nasalität des Vokals vor silbenanlautendem Nasalkonsonant wieder verloren hat, vgl. vulg.lat. *ÁMMA > port. *ama* [ˈɐmɐ], lat. PĀ́NNŬ > port. *pano* [ˈpɐnu̥] und lat. ĂRĀ́NĔĂ > port. *aranha* [ɐˈrɐɲɐ]. In der Konjugation stehen sich heute *amamos* [ɐˈmɐmuʃ] aus lat. ĂMĀ́MŬS und *amámos* [ɐˈmamuʃ] aus lat. ĂMĀ́(VĬ)MŬS einander gegenüber.

Der konservative Charakter des Galicisch-Portugiesischen läßt sich noch mit zwei Neuerungen im Bereich des Tonsilbenvokalismus belegen, die sich die ganze übrige Halbinsel erobert haben und von denen die eine das Galicisch-Portugiesische nach dem Zeugnis der Orthographie erst sehr spät erreicht hat, während sich die andere dort, wenn man von den südlichen Dialekten absieht, bis heute noch nicht durchsetzen konnte. Gemeint ist die Monophthongierung der fallenden Diphthonge AU und [ei̯]. Aus lat. AU wurde überall in der Westromania über eine Zwischenstufe [ou̯] ein geschlossenes [ọ]. Nur im Portugiesischen ist in den Dialekten nördlich des Duero und in der Orthographie bis heute das Zwischenstadium ou erhalten. In der Standardsprache und in den Dialekten südlich des Duero wird *ouro* aus lat. ÁURŬ heute freilich mit einem geschlossenen [ọ] in der Tonsilbe gesprochen. (Auch der portugiesische Name des Flusses *Douro* wird also nördlich des Flusses [ˈdou̯ru], südlich dagegen [ˈdoru] gesprochen.) Man muß aber darauf hinweisen, daß es in dem Übergangsstadium zwischen [au̯] und [o] zu einer Art Gleichsetzung des Diphthongs [ou̯] mit dem Diphthong [oi̯] gekommen ist und daß dieser Diphthong, der heute noch überall so gesprochen wird, in einigen Wörtern fakultativ, in anderen sogar obligatorisch statt [o] bzw. [ou] auftritt. So heißt es z.B. im modernen Portugiesisch entweder *ouro* [ˈoru] oder *oiro* [ˈoi̯ru], und sowohl in der Schrift wie in der Aussprache ist für lat. CÁUSĂ nur noch *coisa* üblich.

Den Diphthong [ei̯] gab es im Lateinischen noch nicht. Er entstand aber im Romanischen häufig, z.B. in dem Suffix -ĀRĬŬ durch Umstellung des vulgärlateinischen Halbkonsonanten [j], aus dem auf diese Weise ein implosiver Halbvokal [i̯] wurde. In partieller Vorwegnahme dieses implosiven [i̯] hat man dann den vorausgehenden Vokal geschlossen, so daß der Diphthong [ei̯] entstand. Dieser Diphthong ist, von den südlichen Dialekten abgesehen, im Galicisch-Portugiesischen bis heute erhalten. Das kann man vor allem an vielen Berufs- und Baumbezeichnungen sehen, die mit Hilfe des Suffixes -ÁRIU bzw. -ÁRIA abgeleitet worden sind. Vgl. z.B. port. *padeiro* und *figueira* aus *PANATÁRIU und *FICÁRIA mit kast. *panadero* und *higuera*.

Das weitere Schicksal der fallenden Diphthonge lat. AU und rom. [ei̯] bestätigt also den extrem konservativen Charakter des Galicisch-Portugiesischen. Dieses Schicksal ermöglicht es aber auch, innerhalb des Portugiesischen zwischen drei wichtigen dialektalen Zonen zu unterscheiden: Norden, Zentrum und Süden. Hinsichtlich der Monophthongierung alter Diphthonge erweist sich der Norden als konservativ, der Süden als innovatorisch, das Zentrum bald konservativ (Erhaltung von [éi̯]), bald innovatorisch ([óu̯] > [ọ́]).

Bevor wir jetzt dieses kurze Resumée des Schicksals der vulgärlateinischen Tonvokale auf der Halbinsel abschließen, ist noch darauf hinzuweisen, daß sich das Galicisch-Portugiesische, das uns bis jetzt nur durch seinen konservativen Charakter aufgefallen ist, doch in einer anderen Hinsicht durch eine eigene Entwicklung weit von der vulgärlateinischen Grundlage entfernt hat. Alle intervokalischen oder silbenschließenden Nasalkonsonanten des Vulgärlateinischen haben hier, zumindest vorübergehend, die vorausgehenden Vokale nasaliert ([ɛ], [ɔ] und [a] wurden dabei im Portugiesischen zu [e], [o] und [ɐ] geschlossen). Diese Entwicklung betrifft aber nicht nur die Tonvokale, sondern alle von einem Nasalkonsonanten gefolgten Vokale. Später sind im Galicischen alle Nasalvokale wieder zu Oralvokalen geworden, während dies im Portugiesischen nur für einen Teil jener Nasalvokale gilt, deren Nasalität von einem intervokalischen Nasalkonsonanten herrührte. Man vergleiche hierfür z.B. port. *areia* und *coroa* aus lat. ĂRḖNĂ und CŎRṒNĂ. Infolge der Nasalierung von Vokalen vor Nasalkonsonant besitzt das Portugiesische heute noch fünf nasale Tonvokale und acht nasale Diphthonge, darunter vier fallende und vier steigende. Hier je ein Beispiel: *amanhã* [ɐ̃], *lenço* [ẽ], *fim* [ĩ], *bom* [õ], *um* [ũ], *não* [ɐ̃ṷ̃], *mãe* [ɐ̃ĩ̭], *põe* [õĩ̭], *muito* [ũĩ̭], *fiança* [j̃ɐ̃], *quando* [w̃ɐ̃], *cinquenta* [w̃ẽ], *pinguim* [w̃ĩ]. Sekundär traten im Portugiesischen nasale Diphthonge an die Stelle von auslautendem [ẽ] und [ɐ̃]. Vgl. lat. BḖNĔ > port. *bem* [ˈbɐ̃ĩ̭] und lat. HĀ́(BĔ)NT > port. *hão* [ˈɐ̃ṷ̃].

Auf die Einzelheiten der galicisch-portugiesischen Nasalierung und Denasalierung können wir hier nicht eingehen. Die pure Tatsache ihrer Existenz zeigt aber schon, daß auch das Galicisch-Portugiesische keineswegs nur eine negativ definierte dialektale Einheit bildet. Das wäre der Fall, wenn sich das Galicisch-Portugiesische nur dadurch von seinen Nachbarn unterscheiden würde, daß es an deren Neuerungen nicht teilgenommen hat. Mit der Nasalierung haben wir eine erste Erscheinung, die es ermöglicht, diesen Dialektalbereich auch positiv, d.h. aufgrund eigener Innovationen, von seinen östlichen Nachbarn abzugrenzen.

3.3 Auslautvokalismus

3.3.1 Allgemeines

Nach den Tonvokalen wenden wir uns jetzt dem Schicksal der Auslautvokale zu. Diese Reihenfolge empfiehlt sich, weil man auch in den romanischen Dialekten der Pyrenäenhalbinsel eine ganze Menge von durch Auslautvokale ausgelösten Umlauterscheinungen beobachtet. Dieses von den spanischen Philologen *metafonía* genannte Phänomen besteht hier in einer zumindest partiellen Anpassung des Öffnungsgrades des Tonvokals an denjenigen des Auslautvokals. Die Behandlung der Auslautvokale wird uns also Gelegenheit geben, noch einiges Umlautbedingte zu den Tonvokalen nachzutragen.

Unter dem Auslautvokal versteht man den Vokal der letzten Silbe eines Wortes. Wenn auf diesen Vokal kein Konsonant mehr folgt, dann sagt man, der Vokal stehe im absoluten Auslaut. Die Auslautvokale mehrsilbiger lateinischer Wörter waren aufgrund der schon erwähnten Akzentregel (vgl. 2.2 Ende) grundsätzlich unbetonte Vokale. Und da man für die Formen der Nomina in den westromanischen Sprachen in der Regel vom lateinischen Akkusativ ausgehen muß, standen die meisten lateinischen Auslautvokale nach dem Schwund des auslautenden M im Vulgärlateinischen schon früh im absoluten Auslaut. Nur im Akkusativ Plural der Nomina folgte in der Regel noch ein S und in bestimmten Formen der Verbalkonjugation ein S, ein T oder ein NT, wobei aber auch die T auf der Halbinsel bald schwanden, so daß nur S bzw. N zurückblieben. Von den neun qualitativ voneinander unterschiedenen Vokalen, die nach dem sog. Quantitätenkollaps im Vulgärlatein übrigblieben, kamen fast alle auch im Auslaut vor. Einzig das geschlossene [ụ] kam dort nicht vor, weil z.B. Genitive oder Plurale des Typs MĂGĬSTRẮTŪS im Vulgärlateinischen nicht überlebt haben.

Die Entwicklung der vulgärlateinischen Auslautvokale in den romanischen Dialekten der Halbinsel ist insgesamt sehr viel disparater verlaufen, als es die Mehrzahl der Handbücher vermuten läßt. Dies gilt auch dann, wenn man von Sonderentwicklungen absieht, die z.B. mit einer häufigen Verwendung bestimmter Wörter in proklitischer Stellung zu tun haben. Die allgemeinen Aussagen, die man zum Auslautvokalismus machen kann, reduzieren sich auf einige wenige. Erstens: Auslautendes *a* ist eigentlich nirgends ganz geschwunden. Zweitens: Es gibt keinerlei Hinweise auf eine vorübergehende Beibehaltung des Unterschiedes zwischen offen und geschlossen bei *e* und *o*. Drittens: Es gibt aber in der ganzen Halbinsel Hinweise auf eine lange anhaltende Beibehaltung des geschlossenen [ị] als [i] in dieser Position. Viertens: In den archaischsten Mundarten Asturiens finden wir in dieser Position sogar bis auf den heutigen Tag neben ehemals geschlossenem [ị] auch ehemals offenes [i̜] und [u̜] als [i] bzw. [u] erhalten.

Betrachten wir jetzt die Entwicklung der vulgärlateinischen Auslautvokale in den einzelnen Regionen der Halbinsel und richten wir dabei unser Augenmerk besonders auf die weitgehende Parallelität der Entwicklung in der palatalen und in der velaren Vokalreihe.

3.3.2 Kastilisch

Wenn man von bestimmten Weiterentwicklungen zunächst einmal absieht, dann ergibt sich für das Kastilische ein relativ einfaches Bild. Das Kastilische kennt heute nur noch drei unbetonte Auslautvokale, nämlich [a], [e] und [o]. Mit anderen Worten: Alle vulgärlateinischen Vokale der palatalen Reihe sind in [e] zusammengefallen und alle Vokale der velaren Reihe in [o]. Es gibt nun allerdings Hinweise darauf, daß dieser Zusammenfall nicht auf einmal erfolgte. Das geschlossene [ị] blieb in dieser Position — wie schon angedeutet — offenbar in der gesamten Westromania noch längere Zeit als [i] erhalten, nachdem offenes [i̧], geschlossenes [ẹ] und offenes [ȩ] in dieser Position schon längst in einem einzigen, mittleren e zusammengefallen waren. Das bedeutet keine Asymmetrie in der Entwicklung der palatalen und der velaren Auslautvokale. Geschlossenes [ụ] kam — wie in 3.3.1 erwähnt — im Vulgärlatein im Auslaut einfach nicht mehr vor und konnte sich deshalb auch nicht vorübergehend als [u] erhalten.

Aber worauf gründet sich die Behauptung, daß sich geschlossenes [ị] in dieser Position länger als *i*-Laut erhalten haben muß als offenes [i̧]? Nun: man rechtfertigt sie mit Umlauterscheinungen, die ohne ein vulg.lat. [-ị] fortsetzendes [-i] kaum erklärbar wären. Am deutlichsten zu beobachten ist dieser Umlaut in der 1. Person des Perfekts, die im Lateinischen immer auf langes -Ī endete. VḖNĪ, VĪ́DĪ, VĪ́CĪ "ich kam, ich sah, ich siegte", so berichtete Cäsar über eine von ihm gewonnene Schlacht. Auf Spanisch würde es heute statt VḖNĪ *vine* heißen. D.h., aus dem auslautenden -Ī wurde letztlich doch noch ein [e], aber erst, nachdem man das vorausgehende Ḗ seinem minimalen Öffnungsgrad angepaßt hatte. Und in der gleichen Weise wurde im Kastilischen aus FḖCĪ *hice*, aus QUAESĪ́VĪ *quise*, aus *PRE(H)ÉNSĪ altspan. *prise* usw. Später hat sich dieses umlautbedingte [í] der Stammsilbe analogisch auf das ganze Perfekt und die von ihm abgeleiteten Zeiten ausgedehnt. Aber im Altspanischen existiert neben dem Paradigma *fize, fiziste, fizo, fizimos, fizistes, fizieron* noch das Paradigma *fize, feziste, fezo, fezimos, fezistes, fizieron,* und das Portugiesische kennt bis heute Spuren dieses älteren Paradigmas. Dort heißt es in der 1. Person *fiz,* aber in der 3. Person *fez.*

Was das Schicksal der kastilischen Auslautvokale *a, e, o* betrifft, so ist noch zu ergänzen, daß *e* nach einfachem *d, n, l, r, s* und *z* später geschwunden ist, so daß man es heute in *ciudad, can, corral, amar, leonés* und *haz* nicht mehr findet (vgl. allerdings neben dem Imperativ der 2. Pers. Sg. *haz* noch die 3. Pers. Sg. Ind. *hace* aus FẮCĬT mit ursprünglich noch durch -T gedecktem Auslautvokal). Dieser Abfall des auslautenden *e* ging — vielleicht unter französischem Einfluß — in bestimmten Varietäten des Altspanischen sogar noch wesentlich weiter als im modernen Spanisch. So findet man in den mittelalterlichen Texten neben *fuerte* auch *fuert,* neben *dulce* auch *du(l)z,* neben *nueve* auch *nuef* und neben *noche* auch *noch.* Wo auslautendes *e* durch den Ausfall eines vorausgehenden Konsonanten mit dem Tonvokal in eine Silbe zusammengezogen wurde, erscheint es im allgemeinen zu dem implosiven Halbvokal [i̯] dissimiliert: vgl. RḖGĔ > *rey,* GRḖGĔ > *grey,* LḖGĔ > *ley,* HŎ́DĬĒ > *hoy,* BŎ́VĔ > *buey.*

3.3.3 Galicisch-Portugiesisch

Betrachten wir nun die Verhältnisse im Galicisch-Portugiesischen. Auch im Portugiesischen gibt es heute nur noch drei unbetonte Auslautvokale. D.h., alle Vokale der palatalen Reihe und alle Vokale der velaren Reihe sind letztlich — nach der schon erwähnten, vorübergehenden Erhaltung von geschlossenem [ị] als [i] — in je einem Vokal zusammengefallen. Diese drei Vokale werden im Galicischen, im Portugiesischen und im Brasilianischen gleich geschrieben wie im Kastilischen, sie werden aber im Portugiesischen und im Brasilianischen heute anders ausgesprochen. Wir können uns das an drei Formen ein und desselben Verbs der ersten Konjugation vor Augen führen: kast. *ando, anda, ande* "ich gehe, er geht, er soll gehen" entsprechen heute im brasilianischen Portugiesisch *ando* [-u], *anda* [-ɐ], *ande* [-i] und im europäischen Portugiesisch *ando* [-u̥], *anda* [-ɐ], *ande* [-ɨ̥]. D.h., im Brasilianischen wurden *e* und *o* zu [i] und [u] gehoben, im Portugiesischen dagegen zu [-ɨ̥] und [u̥]. In Portugal werden das auslautende [u̥] und das auslautende [-ɨ̥] — wie durch das diakritische Zeichen angedeutet — in der Regel stimmlos gesprochen.

Der auslautende Palatalvokal verschwand übrigens im Portugiesischen beiderseits des Atlantiks fast genau unter den gleichen Bedingungen wie im Kastilischen. Die wichtigste Abweichung: er hat sich im Portugiesischen nach *d* (mit der eben erwähnten Variation in der Aussprache) erhalten. Vgl. dazu port. *cidade* mit span. *ciudad.* Und ebenfalls unter den gleichen Bedingungen wie im Kastilischen wurde aus auslautendem *e,* das durch den Ausfall eines vorausgehenden Konsonanten mit dem Tonvokal in Kontakt geriet, der Halbvokal [i̯]. Kast. *grey, ley* und *buey* entsprechen port. *grei, lei* und *boi.* Das Galicische geht, was den Ausfall des auslautenden Palatalvokals betrifft, mit dem Portugiesischen, was die Aussprache der Auslautvokale betrifft, dagegen eher mit dem Kastilischen. Die drei schon erwähnten Verbformen lauten hier *ando* [-o], *anda* [-a] und *ande* [-e].

Schließlich noch eine wichtige Information zum Umlaut. Im Galicisch-Portugiesischen wurden die Tonvokale [έ] und [ɔ́] in vielen Fällen nicht nur durch den Fortsetzer von lat. -Ī, sondern auch durch die Fortsetzer von lat. -Ŭ und -Ō (jeweils im absoluten Auslaut) geschlossen. Allerdings hat dieser Umlaut nur im Portugiesischen zu einem phonologisch relevanten Ablaut beim Stammvokal geführt. Vgl. z.B. lat. VĔ́RTŌ, VĔ́RTĬS > port. *vẹrto*, *vęrtes*. So entstand ein neues Flexionsideal mit [é] und [ó] vor auslautendem [-u̥], aber [έ] bzw. [ɔ́] vor anderen Auslautvokalen, das die etymologische Verteilung der offenen und geschlossenen *e*- und *o*-Laute in der Tonsilbe erheblich durcheinandergebracht hat. Vgl. z.B. lat. VŎ́LVŌ, VŎ́LVĬS > port. *vọlvo*, *vǫlves*, lat. PŎ́RCŬ, Pl. PŎ́RCŌS > port. *pọrco*, *pǫrcos*, lat. FŌRMṓSŬ, FŌRMṓSĂ, Pl. FŌRMṓSŌS, FŌRMṓSĀS > port. *formọso*, *formǫsa*, *formǫsos*, *formǫsas*. Im Galicischen bleiben solche Variationen in der Aussprache des Tonvokals auf der phonetischen Ebene (Beispiele dafür folgen in 3.3.6.2 Ende).

3.3.4 Katalanisch

Damit kommen wir zum Katalanischen. Das Wichtigste gleich vorneweg: Das Katalanische erweist sich, was die Behandlung der Auslautvokale betrifft, als äußerst revolutionär. Denn es erhält regelmäßig nur das auslautende [a], das im Westkatalanischen bis heute so gesprochen wird, während im Ostkatalanischen zwar a geschrieben, aber [ə] gesprochen wird. Dort, wo in der Deklination oder Konjugation auf das *a* noch ein *s* oder ein *n* folgt, hat sich das *a* der Auslautsilbe zu einem *e* gewandelt, das im Westkatalanischen auch bis heute so gesprochen wird. Im Ostkatalanischen ist auch aus diesem [e] ein [ə] geworden. Das Revolutionäre besteht nun aber darin, daß die Auslautvokale der palatalen und der velaren Reihe im Katalanischen, von einigen Ausnahmen abgesehen, auf die wir gleich zu sprechen kommen, spurlos verschwinden, und daß obendrein relativ häufig sogar der vorausgehende Konsonant verstummt. Diese letzte Erscheinung soll uns aber erst beschäftigen, wenn wir zum Konsonantismus kommen (vgl. 10.2).

Hier zunächst einige Beispiele aus dem Ostkatalanischen, die den Abfall der palatalen und velaren Auslautvokale belegen. Aus lat. NŎ́VĔ wird hier *nou*, aus lat. NŎ́CTĔ *nit*, aus lat. LẮCTĔ *llet*, aus lat. PŎ́RCŬ *porc* und aus lat. PLḖNŬ *ple*. Im letzten Beispiel fällt, wie man sieht, auch der dem [u] vorausgehende Nasalkonsonant [n] aus. Zu der Regel, nach der die palatalen und velaren Auslautvokale im Katalanischen regelmäßig ausfallen, gibt es freilich eine Reihe von Ausnahmen, in denen doch ein *-e* oder *-u* erscheint. Interessanterweise sind diese *-e* und *-u* aber nicht mehr etymologisch verteilt. D.h., wir können aus dem *-e* nicht mehr auf das Vorliegen eines vulgärlateinischen Palatalvokals, und aus dem *-u* nicht mehr auf das Vorliegen eines vulgärlateinischen Velarvokals schließen. Ausschlaggebend für die Verteilung von auslautenden *-e* und *-u* ist, zumindest tendenziell, die Natur des Tonvokals, dem sich der Auslautvokal angleicht, sofern er überhaupt erhalten bleibt. So hat man heute im Ostkatalanischen aus PẮTRĔ > *pare*, aus LẮTRŌ > *lladre*, aus NŎVḖMBRĔ > *novembre*, aus MẮSC(Ŭ)LŬ > *mascle*, aus HŎ́SP(Ĭ)TĔ > *oste*, aus vulg.lat. DIE-SÁBB(A)TI > *dissabte*, aus DĔ́C(Ĭ)MŬ > *delme*, aus SẮL(Ĭ)CĔ > *salze*, aus vulg.lat. ÚNDECE > *onze*, aus vulg.lat.

MÓNICU > *monjo*, aus RŐT(Ŭ)LŬ > *rotllo* und aus PŐRT(Ĭ)CŬ > *porxo*.

Wie man aus diesen Beispielen ersehen kann, gibt es vor allem zwei Fälle zu unterscheiden, in denen sich ein Auslautvokal erhält: Erstens geschieht dies in Wörtern, die sonst auf muta cum liquida, also auf einen plosiven Konsonanten, dem noch ein *r* oder *l* folgt, enden würden. Zweitens geschieht dies in Wörtern, die im Lateinischen auf der drittletzten Silbe betont wurden und in denen der Nachtonvokal ausgefallen ist.

Damit wären wir mit der Entwicklung der Auslautvokale vom hispanischen Latein bis hin zu den modernen Sprachen im wesentlichen fertig, wenn es nicht auch noch zu den großen spanischen Dialekten Wichtiges anzumerken gäbe.

3.3.5 Aragonesisch

Zunächst ein kurzer Blick auf das Aragonesische. Es erweist sich, was den Auslautvokalismus betrifft, als Übergangszone zwischen dem Kastilischen und dem Katalanischen. Wie in letzterem fallen die palatalen und velaren Auslautvokale in den meisten Fällen. Wo sie erhalten sind, wird aus den palatalen — wie im Kastilischen — ein *-e*, aus den velaren dagegen ein *-u* (z.B. *parete, veníu* für kast. *pared, venido*).

3.3.6 Leonesisch

Vor allem das Leonesische kann aber hinsichtlich des Auslautvokalismus mit einigen Überraschungen aufwarten, die auch ein besonderes Licht auf die Verhältnisse in anderen Teilen der Halbinsel werfen. Zunächst sei daran erinnert, daß das Asturleonesische oder einfach Leonesische, wie Menéndez Pidal es genannt hat, keineswegs ein homogenes Sprachgebiet bildet. Es präsentiert sich vielmehr einerseits als Übergangsgebiet, in dem man, vom Kastilischen zum Galicisch-Portugiesischen gehend, nach und nach immer mehr Charakteristika des Kastilischen verliert und dafür immer mehr Charakteristika des Galicisch-Portugiesischen dazugewinnt. Die entsprechenden Isoglossen bilden einen Fächer, dessen Scheitel in etwa an der nordöstlichen Ecke Portugals liegt und der sich nach Norden bzw. Nordosten hin öffnet. Andererseits gibt es im Leonesischen aber auch Isoglossen, die ganz anders verlaufen, weil sie älter sind und noch nichts mit der Bedrängung durch das Galicische im Westen und vor allem durch das Kastilische im Osten zu tun haben. Und was finden wir nun im Leonesischen hinsichtlich der Auslautvokale?

3.3.6.1 Auslautendes -*a*

Beginnen wir mit dem auslautenden a. Es hat sich auch hier, wie überall sonst auf der Halbinsel, immer in der einen oder anderen Form erhalten, und zwar in aller Regel als [a]. Aber an drei Stellen finden wir überraschenderweise sozusagen (west)katalanische Verhältnisse. Aus dem durch [s] oder [n] gedeckten auslautenden [a] wird hier nämlich [e]. Überall in Spanien ist bekannt, daß die einfachen Leute aus der Stadt Oviedo im Herzen Asturiens und ihrer Umgebung nicht *las casas blancas*, sondern *les cases blanques* sagen, genau wie die Westkatalanen (vgl. den asturischen Autoaufkleber *Les niñes y les manzanes tienen que ser asturianes!*). Und genau wie im Westkatalanischen lautet die

2. Person Singular des Indikativ Präsens der Verben auf *-ar* hier nicht *cantas,* sondern *cantes,* und die 3. Person Plural nicht *cantan,* sondern *canten.* Entsprechend wird z.B. das Imperfekt des Verbums *decir* so gebildet: *decía, decíes, decía, decíamos, decíais, decíen.*

Das Zentrum des Areals, in dem heute so gesprochen wird, bildet die Stadt Oviedo. Dieses Areal umfaßt aber nicht ganz Asturien, sondern es spart die Küste im Norden aus und reicht auch im Süden der Provinz nicht ganz bis zu den Höhen der Cordillera Cantábrica. Dagegen kann man mit Hilfe von Ortsnamen nachweisen, daß es in der Vergangenheit noch sehr viel weiter nach Westen und nach Osten gereicht haben muß als heute. Aber das ist noch nicht alles. Während diese Formen in der ganzen Provinz Léon unbekannt sind, tauchen sie weit im Süden in den Provinzen Zamora und Salamanca noch einmal ganz punktuell in zwei isolierten Ortschaften auf. Nämlich in San Ciprián (Zamora) und in El Payo (Salamanca). Es ist klar, daß ein solcher Befund von allen Dialektologen, die sich mit den romanischen Dialekten der Halbinsel beschäftigt haben, als Herausforderung empfunden werden mußte. Es sind ganz gegensätzliche Erklärungen gegeben worden, zum Teil von ein und derselben Person in verschiedenen Phasen ihrer wissenschaftlichen Laufbahn.

Grob gesprochen geht es dabei um die Frage, ob sich in San Ciprián und El Payo ununterbrochen sprachliche Zustände erhalten haben, die vor der Reconquista in weiten Teilen der Halbinsel geherrscht haben — von Asturien über die mozarabischen Dialekte bis in die Gegend von Barcelona — oder ob die Dialekte dieser beiden Ortschaften erst mit der Reconquista nach Süden getragenes Asturisch sind. Alles in allem scheint doch wahrscheinlicher, daß die vor den Arabern fliehenden Westgoten *-es* und *-en* nach Asturien gebracht haben und daß es von dort mit der Reconquista nach San Ciprián und El Payo gelangt ist (vgl. Lang 1982, III.3.3.2.3).

3.3.6.2 Palatale und velare Auslautvokale

Wenn wir uns jetzt der Frage zuwenden, was im leonesischen Dialektraum mit den Auslautvokalen der palatalen und velaren Reihe geschehen ist, so vergrößert sich unser Erstaunen womöglich noch. Auch hier müssen wir innerhalb des Leonesischen geographisch differenzieren. Dort, wo es südlich der Cordillera Cantábrica heute wirklich noch Leonesisch gibt, treffen wir sozusagen brasilianische Verhältnisse an. Natürlich nur in dem uns hier interessierenden Punkt. Im Südleonesischen sind nämlich alle palatalen und alle velaren Auslautvokale in je einem Laut zusammengefallen, und das ist für die palatale Reihe heute ein [i] und für die velare Reihe ein [u] (man hat hier also für "den Hund" Sg. *perru*, Pl. *perrus* und für "die Quelle" Sg. *fuenti*, Pl. *fuentis*).

Noch verblüffender ist das, was sich im Norden des leonesischen Sprachgebiets in Asturien abspielt, und zwar diesmal gerade in den Randzonen Asturiens, z.B. auf dem ins Meer hinausragenden Cabo de Peñas und in den Hochtälern des südlichen Asturiens, etwa in dem kleinen Dörfchen Lena, dessen Dialekt um die Wende zum 20. Jahrhundert zum ersten Mal von Menéndez Pidal untersucht wurde. Dort heißt die Katze nicht *gato,* sondern *guetu* oder *gotu,* das Schwein nicht *puerco,* sondern *puircu,* der Hund nicht *perro,* sondern *pirru,* und man hört Ausdrücke wie *La yerba ta secu* für *La yerba está seca, Esta mantega ta ranciu* für *Esta mantega está rancia, Cuando la manzana se pon maduru da gustu velo* für *Cuando la manzana se pone madura da gusto verla* oder *Mira la lleñe secu* "Mira la leña seca" und die Gegenfrage *¿ulo?* "¿dónde?". Man trifft in diesen marginalen asturischen Dialekten auch auf Formen mit auslautendem [i], z.B. in dem Pronomen *esti* bzw. *isti* statt kast. *este* (man vermutet hier analogischen Einfluß von QUĪ auf Ĭ́STĔ).

Was ist hier nun so verblüffend? Zunächst einmal die Tatsache, daß man in den besterhaltenen dieser Mundarten ganz eindeutig nicht nur jeweils einen, sondern jeweils zwei verschiedene Repräsentanten für die vulgärlateinischen Auslautvokale der palatalen und der velaren Reihe findet. Und zwar nicht so, wie man das für ein vulgärlateinisches Auslautvokalsystem annehmen kann, in dem geschlossenes [ị] und geschlossenes [ụ] noch erhalten sind, während in der palatalen Reihe offenes [į], geschlossenes [ẹ] und offenes [ę] und in der velaren Reihe offenes [ų], geschlossenes [ọ] und offenes [ǫ] jeweils zu einem Laut zusammenfallen. Hier in Asturien ist im Auslaut offenbar etwas anderes geschehen: Zusammengefallen sind jeweils die beiden vulgärlateinischen *i*-Laute, die beiden vulgärlateinischen *e*-Laute, die beiden vulgärlateinischen *o*-Laute, und die beiden vulgärlateinischen *u*-Laute. Die resultierenden Vokale sind, wie es sich gehört, ein mittleres [i], ein mittleres [e], ein mittleres [o] und ein mittleres [u].

So weit, so gut. Aber noch in mancherlei anderer Hinsicht tanzen diese Dialekte ganz gehörig aus der Reihe. Formen wie *guetu* bzw. *gotu* statt *gato, puircu* statt *puerco* und *pirru* statt *perro* zeigen uns umgelautete Stammvokale, die nicht mehr auf die Wirkung eines ehemals langen, später geschlossenen [ị] zurückgeführt werden können, wie die westromanischen Umlauterscheinungen des Typs FḖCĪ > port. *fiz* bzw. kast. *hice*. In diesen asturischen Mundarten bewirken vielmehr alle auslautenden *i* und *u* den Umlaut, auch dann, wenn sie auf die ehemals kurzen und später offenen [i̜] und [u̜] zurückgehen. In den Verbformen *cuento* "ich zähle", *que cuente* "er soll zählen" oder in der Temporalkonjunktion *cuando* "wann" passiert dagegen gar nichts, weil hier auch im Latein nie ein *u* oder *i* im Auslaut gestanden hat. Die Darstellung ist übrigens etwas vereinfacht, weil von demjenigen Zustand ausgegegangen wird, der für alle diese Mundarten rekonstruierbar, aber nur noch in einem Teil von ihnen wirklich erhalten ist. Es gibt auch Mundarten, die inzwischen auf einen Teil dieser Erscheinungen verzichtet haben. Also z.B. entweder auf die Metaphonie oder auf die Unterscheidung zwischen auslautendem [o] und [u] (generell oder jedenfalls bei Substantiven und Adjektiven).

Werfen wir von diesen asturischen Mundarten aus noch einmal einen kurzen Blick auf das Galicisch-Portugiesische. Dort ist zwar heute die Unterscheidung zwischen auslautendem *-u* und *-o* nirgends mehr erhalten. Es gibt dort aber Alternanzen in den Tonvokalen der Nomina, die darauf hinweisen, daß sie noch lange überlebt haben muß. Im Portugiesischen heißt "der Rabe" im Sing. *cọrvo*, im Pl. *cǫrvos*, "der Körper" im Sing. *cọrpo*, im Pl. *cǫrpos*, "das Feuer" im Sg. *fọgo*, im Pl. *fǫgos*, "der Gebirgspaß" entweder mask. *portẹlo* oder fem. *portę̨la*, "der Rand" entweder mask. *ourẹlo* oder fem. *ourę̨la*, usw. Und auch im Galicischen klingen die offenen Tonvokale [ę] und [ǫ] in *mantę̨lo* und *pǫrto* geschlossener als in *mantę̨la* und *pǫrta*. Der ganze Nordwesten der Halbinsel blieb also zunächst abseits, als man im größten Teil der Westromania -[u̜] mit -[ọ] und -[i̜] mit -[ẹ] zusammenfallen ließ.

Einiges ist jetzt klarer. Aber die fehlende Angleichung des Adjektivs bzw. des Pronomens an das Substantiv in asturisch *La yerba ta secu, Esta mantega ta ranciu, Cuando la manzana se pon maduru da gusto velo, Mira la lleñe secu* usw. ist noch nicht erklärt.

3.3.6.3 Eine neue grammatische Kategorie

Ganz am Anfang dieses zweiten Teils der Vorlesung hatten wir angekündigt, die Beschreibung der Entwicklung vom Vulgärlatein zu den iberoromanischen Mundarten auf den phonischen Bereich zu beschränken. Von diesem Prinzip werden wir jetzt kurz abweichen. Denn es bietet sich hier die Gelegenheit, einen kurzen Blick auf eine Erscheinung zu werfen, die zum Exotischsten gehört, was die Grammatik der iberoromanischen Dialekte zu bieten hat.

Eben jene asturischen Mundarten, von denen gerade die Rede war, weil sie den Unterschied zwischen den auslautenden *u* und *o* des Vulgärlateinischen noch lange bzw. sogar bis heute bewahrt haben, benutzten oder benützen diesen nämlich zum Ausdruck einer neuen grammatischen Kategorie, die es in keinem der übrigen romanischen Dialekte der Halbinsel gibt. Dámaso Alonso, der sich als erster ausführlich mit diesem Phänomen beschäftigt hat (vgl. ders. *Obras completas I,* Madrid: Gredos 1972, wo auf den Seiten 147-212 die letzte Überarbeitung eines Aufsatzes mit dem Titel *Metafonía, neutro de materia y colonización suditaliana en la Península Ibérica* abgedruckt ist), glaubte in dieser Kategorie ein drittes Genus ein 'neutro de materia' zu erkennen. Dagegen hebt Jesús Neira Martínez (*La oposición "continuo"/"discontinuo" en las hablas asturianas,* in der Festschrift für Emilio Alarcos Llorach, Bd. 3, Oviedo 1978, Seiten 255-279) mit

Recht hervor, daß es sich nicht um ein drittes Genus handelt, sondern um einen Unterschied des Typs "kontinuierlich"/"diskontinuierlich". Dieser ist der Kategorie des Numerus vorgeordnet. Entscheidet sich der Sprecher für eine Auffassung des zu Bezeichnenden als "kontinuierlich", so entfällt die Numerusopposition. Im anderen Fall geht seine Entscheidung mit einer solchen für Singular oder Plural einher.

Aber wie kommt nun diese Unterscheidung in unseren Dialekten zum Ausdruck? Betrachten wir dazu wieder die Verhältnisse in denjenigen Mundarten, die die Unterscheidung zwischen auslautend [u] und [o] bis heute erhalten haben. Hier sagt man zwar wie anderswo auch *Las yerbas tan secas* bzw. *La yerba ta seca*, wenn man damit einzelne Grashalme meint, und entsprechend spricht man von *vinu blencu* und *vinos blancos*, wenn man verschiedene Weinsorten meint. Wenn man aber vom Gras und vom Wein als einem kontinuierlichen Material (daher Dámaso Alonsos Idee vom 'neutro de materia') spricht, wie man das ja meistens tut, dann sagt man *La yerba ta seco* bzw. *vino blanco*. D.h., die diesen Dialekten eigene Kategorie der Auffassung bestimmter Gegenstände als "kontinuierlich" äußert sich einerseits im Adjektiv, für das es in diesem Fall ganz unabhängig von dem Geschlecht des jeweiligen Substantivs nur eine "neutrale" Form auf [o] gibt. Sie äußert sich andererseits im Substantiv, zumindest bei den Substantiven, die bei einer Auffassung des Bezeichneten als "diskontinuierlich" im Singular auf [u] enden. Und zwar darin, daß diese Substantive bei Auffassung des Bezeichneten als "kontinuierlich" auf [o] auslauten und entsprechend auch nie einen Umlaut aufweisen. "Ein Eisen" ist *un firru*, aber "Eisen" als Material ist *fierro*.

Soviel zur Funktionsweise und zum Ausdruck dieser merkwürdigen Kategorie. Jetzt noch ein paar Worte zu ihrer Entstehung. Hier ist unseres Erachtens eher Dámaso Alonso als Jesús Neira Martínez zu folgen. Nach Dámaso Alonso bilden die im Lateinischen überaus zahlreichen neutralen Substantive des Typs Ŏ́LĔŬM, LĬ́GNŬM, VĬ́NŬM, FĔ́RRŬM usw., die Substanzen bezeichnen, den Ausgangspunkt. Offenbar ist bei ihnen aus dem auslautenden -ŬM schon früher ein [o] geworden als bei den maskulinen Substantiva des Typs MŬ́RŬM, PŎ́RCŬM usw., denen im Nominativ ein MŬ́RŬS, PŎ́RCŬS usw. gegenüberstand. Auf diese Weise wurde dann wohl auslautendes [u] zu einem Kennzeichen des maskulinen Geschlechts und auslautendes [o] zu einem Kennzeichen des neutralen Geschlechts von Substanzbezeichnungen. Spuren eines solchen Zustandes haben sich außer in Asturien auch in Italien erhalten.

Aber was ursprünglich tatsächlich ein gewissen Substantiven als solchen zukommendes neutrales Genus war, wurde später nach dem Vorbild des Numerus zu einer Kategorie der Rede uminterpretiert. Per se neutrale Substantive gibt es in diesen Mundarten nicht mehr. Heute muß man sich in diesen Mundarten bei der Verwendung eines Substantivs im Prinzip immer zwischen einer Darstellung des Bezeichneten als "kontinuierlich" oder "diskontinuierlich" entscheiden. Egal, ob es sich dabei um ein maskulines oder um ein feminines Substantiv handelt. Und nur wenn man sich für die Darstellung als "diskontinuierlich" entscheidet, geht mit dieser Entscheidung eine weitere Entscheidung für Singular oder Plural einher.

Auch bei der Darstellung dieser merkwürdigen grammatischen Besonderheit mußten wir etwas vereinfachen. Nur die abgelegeneren Mundarten zeigen die Erscheinung heute noch mit dieser Deutlichkeit. In vielen anderen Mundarten Asturiens, die den Unterschied zwischen auslautendem [u] und [o] inzwischen aufgegeben haben, macht sich die Auffassung des Bezeichneten als "kontinuierlich" heute nur noch durch die Nichtübereinstimmung des Adjektivs mit dem Substantiv bemerkbar. Hier heißt es also heute auch bei einer Auffassung als "kontinuierlich" *ferru* oder sogar *firru*, aber es heißt bei der gleichen Auffassung noch heute *La yerba ta secu* und nicht *La yerba ta seca.*

3.3.7 Andalusisch

Von den archaischsten Mundarten Asturiens machen wir nun, bevor wir die Behandlung des Auslautvokalismus abschließen, noch einen Sprung zu dem Andalusischen, das ja nicht umsonst als die revolutionäre Speerspitze des im Rahmen der Halbinsel ohnehin revolutionären Kastilischen gilt. Erinnern wir uns zunächst an das, was wir bislang vom Kastilischen gehört haben. Dort gibt es heute unter dem Akzent nur noch fünf verschiedene Vokale, die sogenannten Kardinalvokale *i, e, a, o, u.* Und in der unbetonten Auslautsilbe gibt es nur noch drei Vokale, nämlich *e, a* und *o.* Die fünf Kardinalvokale werden zwar auch im Kastilischen, je nach phonetischer Umgebung, einmal etwas offener und einmal etwas geschlossener ausgesprochen, aber dieser Unterschied im Öffnungsgrad ist, gerade weil er einzig und allein von der phonetischen Umgebung abhängt, nicht bedeutungsrelevant. Die vulgärlateinischen offenen und geschlossenen *e* bzw. *o* sind zwar im Kastilischen unter dem Akzent nicht zusammengefallen, aber der Unterschied ist heute nicht mehr ein Unterschied im Öffnungsgrad, sondern ein Unterschied zwischen Diphthong und einfachem Vokal. Kurz gesagt — und darauf kommt es im Augenblick an —, im Nordkastilischen gibt es bei den fünf Kardinalvokalen und damit auch bei den *e* und *o* keinen phonologisch relevanten Unterschied mehr zwischen offen und geschlossen.

Aber siehe da: Dieser Unterschied, durch dessen gründliche Ausräumung sich die spanischen Dialekte so nachhaltig von ihren westlichen und östlichen Nachbarn unterscheiden, taucht nun in dem fortschrittlichsten Kastilisch, also dem Andalusischen, schon wieder neu auf, und zwar im wörtlichen Sinne durch die Hintertür, will sagen, auf dem Umweg über die Auslautvokale.

Es ist bekannt, daß das auslautende *s*, das sowohl beim Substantiv als Pluralkennzeichen wie auch beim Verbum als Kennzeichen der 2. Person eine wichtige Rolle spielt, in weiten Teilen Andalusiens durch eine Aspiration ersetzt wird bzw. sogar ganz wegfällt. Diese Entwicklung hätte bei den Substantiven unweigerlich zum Zusammenfall von Singular und Plural und bei den Verben zum Zusammenfall der 2. und 3., häufig sogar noch der 1. Person Singular führen müssen. Zu diesem Zusammenfall ist es aber in den hier vor allem interessierenden ostandalusischen Mundarten nicht gekommen. Spätestens auf der Stufe der Aspiration des ehemaligen *s* haben sich nämlich die vorausgehenden Auslautvokale geöffnet. Und die daraus resultierende Variation des Auslautvokals zwischen Offen und Geschlossen hat sich dem Tonvokal und in geringerem Ausmaß auch allen anderen Vokalen mitgeteilt (sog. Vokalharmonie).

Der so entstandene Gegensatz zwischen Formen mit offenem und solchen mit geschlossenem Vokalismus, der sich im Ostandalusischen nicht nur auf die *e* und *o*, sondern auch auf das *a* erstreckt, hat also nichts mehr mit dem vulgärlateinischen Gegensatz zwischen offenen und geschlossenen *i, e, a, o* und *u* zu tun. Er ist aber nach dem Abfall des auslautenden *s* zu einem bedeutungsunterscheidenden Zug dieser ostandalusischen Dialekte geworden. In manchen Fällen unterscheiden diese Dialekte nur noch mit Hilfe dieses Zuges zwischen Singular und Plural und zwischen 2. und 3. bzw. sogar 1. Person Singular. Hier einige Beispiele, die der *Dialectología española* von Alonso Zamora Vicente (Madrid: Gredos, 2. Auflage, 1967) entnommen sind. "Das Gewicht" heißt im Ostandalusischen im Sg. *pẹsọ* und im Pl. *pę̣sǫ̣*, "die Nelke" heißt im Sg. *clavẹ* und im Pl. *clavę̣lę̣*, "der Mund" heißt im Sg. *bọka* und im Pl. *bǫ̣kä* und so weiter und so fort. Das Verb *tener* wird im Indikativ Präsens wie folgt konjugiert: *tẹngo, tię̣nę̣, tiẹnẹ, tę̣nę̣mǫ̣, tę̣nę̣i, tiẹnẹŋ*.

3.3.8 Zusammenfassung

Damit sind wir nun aber wirklich mit der Entwicklung des Auslautvokalismus und den von ihm ausgehenden Einwirkungen auf den Tonvokalismus zum Ende gekommen. Fragen wir uns noch einmal, was uns dieser Durchgang durch den Auslautvokalismus für die moderne dialektale Gliederung der Halbinsel in Dialekträume gebracht hat. Zunächst einmal eine relativ deutliche Grenze zwischen dem gesamten Westen der Halbinsel einschließlich des Kastilischen und dem Osten, mit dem diesmal auch das Aragonesische marschiert. Im Westen und im Zentrum der Halbinsel sind die Auslautvokale, von bestimmten Ausnahmen einmal abgesehen, alle in der einen oder anderen Form erhalten. Im Osten gilt das nur für *a*. Aber auch dieses *a* rechtfertigt noch einmal die Unterscheidung zwischen west- und ostkatalanischen Dialekten, denn im Osten wird aus diesem auslautenden [a] wie aus allen unbetonten *a* ein [ə].

Im Westen und im Zentrum der Halbinsel gehen diesmal das Galicische und das Kastilische zusammen. Sie haben die Auslautvokale in der einen oder anderen Form erhalten, aber auf *e, a* und *o* reduziert. Statt *a, e* und *o* haben wir im Portugiesischen [ɐ] und stimmlose [i̥] und [u̥] und im Südleonesischen [a], aber wie im Brasilianischen [i] und [u]. Zwei Dialektgebiete fallen besonders auf. Das eine, nämlich Asturien, durch eine kuriose Mischung der Erhaltung von ganz Altem mit der Entwicklung von Neuem, das andere, nämlich das Ostandalusische, durch seinen extrem innovatorischen Charakter. Schließlich bestätigt uns der Auslautvokalismus eine schon im ersten Teil der Vorlesung aufgestellte Behauptung: Das Leonesische ist eine im wesentlichen negativ definierte dialektale Einheit. Es ist zwar eindeutig weder Galicisch noch Kastilisch, weist aber in seinem Inneren wenig Einheitlichkeit auf. Es gibt hier neben vielen Ost-West-Gegensätzen einen Nord-Süd-Gegensatz, wobei die Cordillera Cantábrica die Grenze bildet, und es gibt innerhalb Asturiens selbst einen Gegensatz zwischen archaischen Randzonen und dem innovatorischen Zentrum um Oviedo.

Karte 3: *Auslautvokalismus*

3.4 Anlautvokalismus

3.4.1 Allgemeines

Wir haben unseren Rundgang durch die Entwicklung, die vom lateinischen Vokalismus zum Vokalismus der iberoromanischen Mundarten führt, in der Tonsilbe begonnen. Von dort sind wir ans Ende des Wortes gegangen, um die Entwicklung der Auslautvokale zu verfolgen. Jetzt springen wir von ganz hinten nach ganz vorn und fragen uns, welches in den iberoromanischen Mundarten das Schicksal der Vokale in den anlautenden Silben war, und zwar dort, wo diese Silbe nicht mit der Tonsilbe zusammenfiel. So wie es für das Schicksal der Auslautvokale des öfteren nicht ganz gleichgültig war, ob diese im absoluten Auslaut stehen oder nicht, so ist es auch für das Schicksal der Anlautvokale gelegentlich wichtig, ob diese im absoluten Anlaut stehen oder ob ihnen noch ein Konsonant vorausgeht.

Ganz allgemein kann man sagen, daß sich allenfalls das Schicksal der Anlautvokale bis zu einem gewissen Grad mit demjenigen der Tonvokale vergleichen läßt. Denn wenn auch in einer Sprache, die über einen dynamischen Akzent verfügt, die Sprecher der Aussprache der Tonsilbe die meiste Aufmerksamkeit widmen, so wird in denjenigen Sprachen, in denen die Tonsilbe nicht notwendig mit der Anlautsilbe zusammenfällt, in der Regel offenbar doch auch der Aussprache der Anlautsilben relativ große Aufmerksamkeit geschenkt. Trotzdem sind auf dem Weg vom Vulgärlatein zu den romanischen Sprachen in der Anlautsilbe in der Regel mehr Unterschiede aufgegeben worden als in der Tonsilbe, und es gibt hier auch mehr Abweichungen von den festgestellten Regelmäßigkeiten als unter dem Akzent. In nicht wenigen Mundarten werden die Anlautvokale mehr oder weniger genauso behandelt wie die Auslautvokale.

3.4.2 Kastilisch

Nach dem sogenannten Quantitätenkollaps müssen wir im Vulgärlatein auch in der Anlautsilbe mit den bekannten neun Vokalen rechnen: geschlossenes [ị], offenes [į], geschlossenes [ẹ], offenes [ę], [a], offenes [ǫ], geschlossenes [ọ], offenes [ų], geschlossenes [ụ]. Der Vorläufer des Kastilischen ist dann offenbar genauso wie alle seine iberoromanischen Nachbarn für diese Position von dem fünfstufigen Vokalsystem zu dem vierstufigen, sog. vulgärlateinischen System übergegangen. D.h., er ließ das offene [į] mit dem geschlossenen [ẹ] und das offene [ų] mit dem geschlossenen [ọ] zusammenfallen. Dabei ist es aber nicht geblieben. Während in der Tonsilbe die Diphthongierung dafür sorgte, daß es nicht auch noch zu einem Zusammenfall von geschlossenem [ẹ́] mit offenem [ę́] und geschlossenem [ọ́] mit offenem [ǫ́] kam, trat in den Anlautsilben dieser Zusammenfall tatsächlich ein. Man hat hier also nur noch fünf verschiedene Vokale, nämlich die Kardinalvokale *i, e, a, o, u,* wobei *e* und *o* jeweils drei verschiedene Vokale des Vulgärlateins fortsetzen.

Diese einfache Regel ist nun allerdings vielfach gestört, und wir wollen wenigstens einige dieser Unregelmäßigkeiten berühren. Dabei vernachlässigen wir die vielen Fälle, in denen die Halbkonsonanten [j] und [w] bzw. die Halbvokale [i̯] und [u̯] den Anlautvokal beeinflußt haben, wie z.B. im Falle von MĀNSĬṒNE, das über **maisone* zu *mesón* wurde. Denn diese Einflüsse beobachtet man, wie wir z.B. an dem Suffix -Ā́RĬŬ gesehen haben, in der Tonsilbe genauso wie in den anderen Silben. Der Einfluß dieser Halbkonsonanten bzw. Halbvokale ist im Kastilischen so omnipräsent, daß er genügend Stoff für ein eigenes Kapitel in den historischen Grammatiken des Spanischen gibt. Man vergleiche dazu z.B. den fünf Seiten langen § 8 *bis* in Menéndez Pidals *Manual de gramática histórica española.*

Sehen wir uns also schnell einige anders zu begründende Ausnahmen zu der eben skizzierten Entwicklung des Anlautvokalismus vom Latein zum Kastilischen an. In kast. *esconder* aus lat. ĂBSCŐNDĔRĔ finden wir ein *e* statt des erwarteten *a,* offenbar in Analogie zu den vielen auf lat. EX- und kast. *es-* anlautenden Wörtern (vgl. auch port. *esconder,* kat. *escondir,* altfranz. *escondre*). In kast. *salvaje* aus lat. SĬLVẮTĬCŬ finden wir ein *a* statt des erwarteten *e,* und dieses *a* finden wir auch in vielen anderen romanischen Sprachen, über kat. *salvatge* bis hin zum franz. *sauvage* (aber port. *selvagem*). Offenbar ist schon im Vulgärlatein des Zentrums aus SĬLVẮTĬCŬ per Assimilation *SALVÁTICU geworden. In kast. *redondo* und *hermoso* aus lat. RŎTŬ́NDŬ und FŌRMŐSŬ ist offenbar das Gegenteil passiert. Das zu erwartende *o* der Anlautsilbe wurde zu *e* dissimiliert. Der portugiesische Nachbar macht die Dissimilierung hier nur in einem der beiden Fälle mit. Denn portugiesisch heißt es zwar *redondo,* aber *formoso.* Aber vergessen wir über den vielen Ausnahmen nicht die allgemeine Regel: Im Kastilischen bleiben nur geschlossenes [ị], [a] und geschlossenes [ụ] in der Anlautsilbe als *i, a* und *u* erhalten. Die übrigen Vokale der palatalen Reihe werden alle zu [e], und die übrigen Vokale der velaren Reihe alle zu [o].

3.4.3 Die anderen spanischen Dialekte

Mit den übrigen spanischen Dialekten, also dem Leonesischen, dem Aragonesischen und dem Andalusischen, können wir diesmal kurzen Prozeß machen. Sie verhalten sich, was den Anlautvokalismus betrifft, im wesentlichen genauso wie das Kastilische, auch wenn die Abweichungen von der allgemeinen Regel hier eher noch häufiger sein dürften als im Kastilischen.

3.4.4 Galicisch-Portugiesisch

Wenn wir jetzt in den Westen der Halbinsel gehen, dann stellen wir fest, daß sich, nach dem Zeugnis der Orthographie und von einigen wichtigen Ausnahmen abgesehen, der Anlautvokalismus im Galicisch-Portugiesischen offenbar zunächst genauso entwickelt hat wie in den spanischen Dialekten. Man trifft in dieser Position in der Schrift auf die Vokale *i, e, a, o, u,* wobei aber die im klassischen Latein kurzen und im Vulgärlatein offenen [į] und [ų] zu *e* und *o* übergelaufen sind. Im europäischen Portugiesisch ist nun aber die Aussprache in neuerer Zeit über diesen sich in der Orthographie spiegelnden Zustand hinausgegangen.

Das, was in der Schrift als *a* erscheint, wird z.B. in dem Fortsetzer von lat. CĂTḖNĂ, also in port. *cadeia* als [ɐ] gesprochen. Ebenso auch in port. *areia* aus lat. ĂRḖNĂ, wo sich der Vokal im absoluten Anlaut befindet. Zu dieser Ausspracheregel gibt es aber zwei wichtige Ausnahmen, die dann auch für die Aussprache der anlautenden *e* und *o* relevant werden. Vor einer ganzen Reihe von orthographischen Konsonantengruppen, die aber meist als einfache Konsonanten gesprochen werden, wird [a] gesprochen. So z.B. in dem Fortsetzer von lat. ĀCTĬṒNĔ, port.

ação. Und [a] heißt es auch, wo das *a* durch eine Kontraktion zweier Vokale entstanden ist, die ursprünglich zwei verschiedenen Silben angehörten. So in port. *padeiro* < vulg.lat. *PANATÁRIU.

Die Regeln für die Aussprache von orthographischem *e* bzw. *o* im Anlaut sind noch komplizierter. Denn hier nimmt nun der absolute Anlaut eine gewisse Sonderstellung ein. Beginnen wir mit dem anlautenden *e*. Im absoluten Anlaut wird aus *e* vor allem dann, wenn nur ein Konsonant folgt, in der Regel ein [i]. Aus lat. ĔFFĔ́CTŬ und ĔXĔ́RCĬTŪ wird port. *efeito* und *exército*, und diese beiden Wörter lauten heute im Portugiesischen auf [i] an. Unter anderen, schwer genauer anzugebenden Bedingungen ist diese Entwicklung schon so früh eingetreten, daß sie sich auch in der Schrift niedergeschlagen hat. Vgl. dazu port. *irmão*, *irmã* mit kast. *hermano*, *hermana*, beides aus lat. GĔRMĀ́NŬ, GĔRMĀ́NĂ. Steht das orthographische *e* nicht im absoluten Anlaut, dann wird es heute im Portugiesischen, wenn überhaupt noch, genauso wie das auslautende *e* als [ɨ̥] gesprochen, so z.B. in port. *perigo* oder *feliz* aus lat. PĔRĪ́CŬLŬ oder FĒLĪ́CĔ. Unter den gleichen Bedingungen, unter denen statt des abgeschwächten [ɐ] ein offenes [a] erscheint, treffen wir allerdings auch hier auf ein offenes [ɛ] statt dem abgeschwächten [ɨ̥]. So in port. *ṛẹ̜tidão* aus lat. RĒCTĬTŪ́DĬNĔ und port. *crẹ̜dor* aus lat. CRĒDĬTṒRĔ.

Im Sinne eines strikten Parallelismus zwischen der palatalen und der velaren Reihe wäre nun zu erwarten, daß auch das orthographische *o* im absoluten Anlaut im modernen Portugiesisch als [u], im 'relativen' Anlaut dagegen als *o* gesprochen wird. Das Gegenteil ist der Fall. Im absoluten Anlaut wird es als offenes [ọ̜] bzw. als geschlossenes [ọ] ausgesprochen, je nachdem, ob in der gleichen Silbe noch ein Konsonant folgt oder nicht. Und so hat man im modernen Portugiesischen einerseits *hǫspital* mit offenem [ǫ] aus lat. HŎSPĬTĀ́LĔ, andererseits *ọferta* mit geschlossenem [ọ] aus vulg.lat. *OFFÉRTA. Steht das orthographische *o* dagegen nicht im absoluten Anlaut, dann wird es heute in der Regel als [u] gesprochen. So z.B. in *coroa* aus lat. CŎRṓNĂ. Und wiederum gilt, daß statt dieses [u] unter jenen Bedingungen meist ein offenes [ǫ] zu sprechen ist, unter denen auch statt der abgeschwächten [ɐ] und [ɨ̥] offenes [ą] und [ę] zu sprechen ist. Daher z.B. port. *cǫrado* aus lat. CŎLŌRĀ́TŬ.

3.4.5 Katalanisch

Nach dem Zentrum und dem Westen der Halbinsel jetzt der Osten. Auch hier ist man in den katalanischen Dialekten in den unbetonten Anlautsilben von dem fünfstufigen, aus dem Quantitätenkollaps resultierenden Vokalsystem zu einem dreistufigen System mit den fünf Kardinalvokalen *i, e, a, o, u* übergegangen, wobei wiederum die ehemals kurzen und später offenen *i* und *u* dem *e* und dem *o* zugeschlagen wurden. Dieses Stadium mit den fünf Kardinalvokalen in den unbetonten Anfangssilben spiegelt die katalanische Orthographie und die westkatalanische Aussprache.

Aber genauso wie im Westen das europäische Portugiesisch (im Gegensatz zum Galicischen) in der Aussprache über diesen Zustand hinausgegangen ist, so ist auch im Osten das Ostkatalanische im Gegensatz zum Westkatalanischen in der Aussprache über diesen Zustand hinausgegangen. Und zwar geschieht dies in der Art, daß im Ostkatalanischen in der Anlautsilbe das, was in der Schrift noch als *a* und *e* voneinander unterschieden wird, in einem [ə] zusammenfällt, während auf der velaren Seite das, was in der Schrift noch als *o* bzw. *u* voneinander unterschieden wird, gleichermaßen als [u] gesprochen wird. So werden also heute im katalanischen Sprachgebiet nur noch die ursprünglich langen und später geschlossenen *i* und *u* wirklich überall als [i] und [u] gesprochen. Außer diesen beiden Lauten kennt das Westkatalanische in dieser Position noch ein [e], ein [a] und ein [o], das Ostkatalanische dagegen nur noch ein [ə], das älteres [e] und [a] fortsetzt, während älteres [o] zu [u] übergelaufen ist.

Hier nun für jeden der fünf Anlautvokale, die nach dem Zeugnis der Schrift vorübergehend im gesamten katalanischen Sprachgebiet bestanden haben dürften, ein Wortbeispiel, einschließlich seiner Aussprache im West- und im Ostkatalanischen. An diesen Beispielen kann man sehen, daß diese fünf Kardinalvokale im Westkatalanischen nach wie vor als solche gesprochen werden, während im Ostkatalanischen sich ihre Aussprache zum Teil erheblich verändert und ihre Anzahl auf drei reduziert hat.

Der Fortsetzer von vulg.lat. MIRÁRE statt klass. MĪRĀ́RĪ schreibt sich heute im Katalanischen *mirar*. Seine Aussprache lautet im West- wie im Ostkatalanischen [miˈra]. Der Fortsetzer von lat. DŪRĀ́RĔ schreibt sich heute im Katalanischen *durar* und seine Aussprache lautet im West- wie im Ostkatalanischen [duˈra]. Der Fortsetzer von lat. ĂMĪ́CŬ schreibt sich heute im Katalanischen *amic*. Seine Aussprache lautet im Westen [aˈmik], im Osten dagegen [əˈmik]. Der Fortsetzer von lat. SĒCŪ́RŬ schreibt sich heute im Katalanischen *segur*. Ausgesprochen wird er im Westkatalanischen [seˈγu], im Ostkatalanischen dagegen [səˈγu]. Und der Fortsetzer von vulg.lat. MORÍRE statt klass. MŎ́RĪ schreibt sich heute im Katalanischen *morir*. Gesprochen wird er im

Westkatalanischen [mo'ri], im Ostkatalanischen dagegen [mu'ri]. Selbstverständlich ist es in den einzelnen Dialekten aufgrund von Dissimilations- oder Assimilationserscheinungen, insbesondere auch durch den Einfluß von nachfolgendem explosivem [j] oder implosivem [i̯] oft zu anderen Resultaten gekommen. Das braucht uns aber im Rahmen dieser Vorlesung nicht weiter zu beschäftigen.

3.4.6 Zusammenfassung

Überblicken wir jetzt noch einmal, was die Betrachtung des Schicksals der Anlautvokale für die dialektale Gliederung der Halbinsel erbracht hat. Ganz offenbar verlief hier die Entwicklung in allen iberoromanischen Dialekten lange Zeit fast parallel. Die Orthographie der drei bzw., wenn wir das Galicische hinzunehmen, der vier iberoromanischen Literatursprachen spiegelt noch heute, von vielen mehr oder weniger sporadischen Abweichungen einmal abgesehen, einen im wesentlichen allen Dialekten gemeinsamen Entwicklungszustand. Von diesem Zustand haben sich offenbar erst in neuerer Zeit das Portugiesische im Westen und das Ostkatalanische im Osten erheblich entfernt. Die Entwicklung ging hier wie dort in Richtung auf eine Reduktion des Anlautvokalismus auf drei Vokale, ein Zustand, den die iberoromanischen Mundarten im Auslautvokalismus mit Ausnahme des Asturischen schon sehr viel früher erreicht hatten. Diese weitergehende Vereinfachung des Anlautvokalismus ist im Ostkatalanischen weiter gegangen als im Portugiesischen. Im Ostkatalanischen gibt es in dieser Position tatsächlich nur noch [i], [ə] und [u]. Das Portugiesische macht einen interessanten Unterschied zwischen relativem und absolutem Anlaut. In der velaren Reihe sind *o* und *u* im relativen

Anlaut in [u] zusammengefallen, nicht aber im absoluten Anlaut. In der palatalen Reihe ist es umgekehrt. Hier sind *e* und *i* im absoluten Anlaut in [i] zusammengefallen, dagegen geschieht dies nicht, wo dem Anlautvokal noch ein Konsonant vorausgeht.

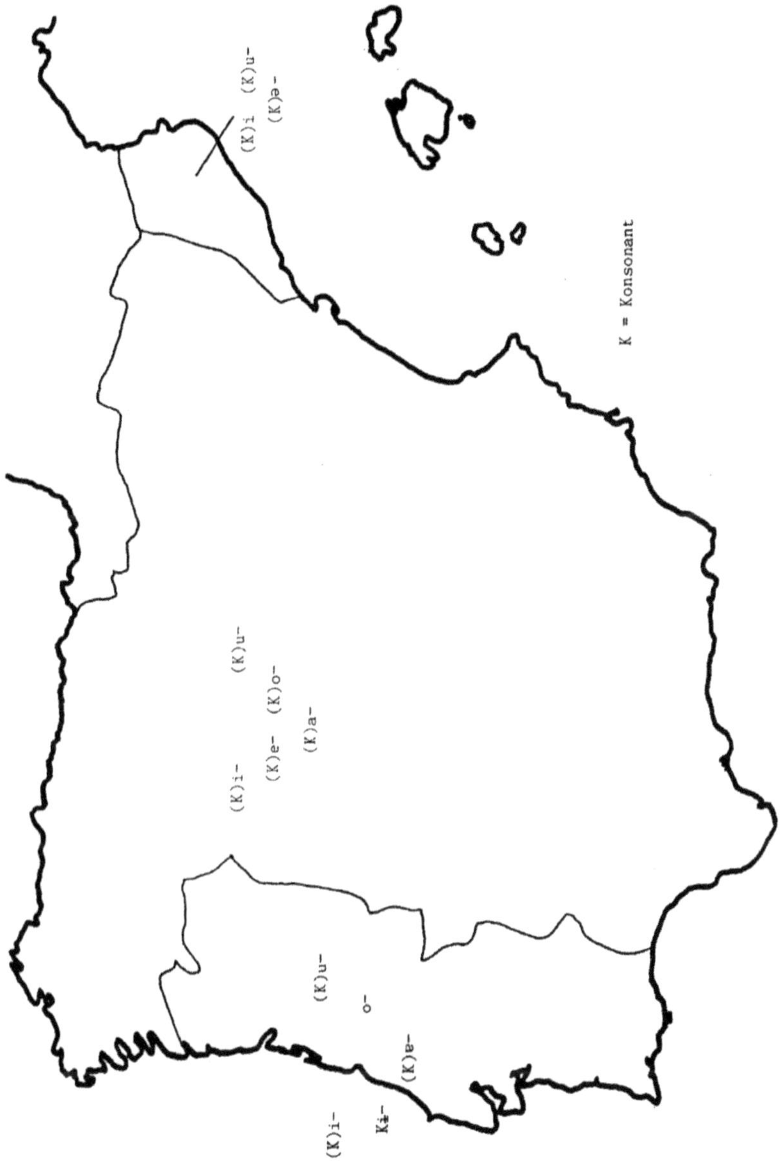

Karte 4: *Die Anlautvokale (vereinfacht)*

3.5 Vor- und nachtonige Vokale

Wir haben unseren Rundgang durch die Geschichte des Vokalismus unter dem Akzent begonnen, den ein Grammatiker des 4. nachchristlichen Jahrhunderts "die Seele" des Wortes genannt hat. Von dort sind wir zum Ende des Wortes gegangen. Und schließlich haben wir uns mit dem Vokalismus der Anfangssilbe beschäftigt. Wir haben also diejenigen Silben, die der betonten Silbe direkt folgen oder vorausgehen, ohne selbst schon die letzte oder die erste Silbe des Wortes zu bilden, zunächst übersprungen. Mit einem gewissen Recht, denn schon die Römer selbst und später insbesondere ihre westromanischen Nachfahren verfuhren bei der Aussprache der lateinischen Wörter so ähnlich. Sie konnten gewissermaßen der Versuchung immer weniger widerstehen, die ohnehin im Schatten des Akzents stehenden, vortonigen und nachtonigen Vokale einfach auszulassen.

Besonders für den Ausfall nachtoniger Vokale besitzen wir sehr viele und z.T. sehr frühe Zeugnisse aus römischer Zeit. So heißt es schon bei Plautus DŎ́MNŬS statt DŎ́MĬNŬS und bei Cato VĬ́RDĬS statt VĬ́RĬDĬS. Das Adverb zu dem Adjektiv VẮLĬDŬS heißt auch im klassischen Latein nicht *VẮLĬDĒ, sondern VẮLDĒ, und ebenfalls in der klassischen Periode ist PĔRĪ́CLŬM statt PĔRĪ́CŬLŬM recht üblich. Noch in der römischen Kaiserzeit scheint es im gesamten Reich ziemlich üblich geworden zu sein, im Vulgärlatein die nachtonigen Vokale ausfallen zu lassen, wenn sie entweder zwischen Konsonant und *l* oder zwischen *r* bzw. *l* und *p* bzw. *m, t, d* oder zwischen *s* und Konsonant standen:

...V́K(V)*l*...
...V́*r*/*l*(V)*p*/*m*/*t*/*d*...
...V́*s*(V)K...

(K = beliebiger Konsonant)

Im Appendix Probi werden Aussprachen wie SPECLUM, VECLUS usw. kritisiert. "TABULA non TABLA, TRIBULA non TRIBLA" liest man dort (TRĬ́BŬLŬM "der Dreschwagen"). Tatsache ist, daß man in der ganzen Romania für die Nachfolger von klass.lat. Ŏ́CŬLŬ, AURĬ́CŬLĂ, MẮSCŬLŬ, TẮBŬLĂ, VĬ́RĬDĔ, CŎ́LĂPŬ, CẮLĂMŬ, CẮLĬDŬ, SŎ́LĬDŬ und PŎ́SĬTŬ von gekürzten Formen des Typs ÓCLU, AURÍCLA, MÁSCLU, TÁBLA, VÍRDE, CÓLPU, CÁLMU, CÁLDU, SÓLDU und PÓSTU ausgehen darf.

Die ostromanischen Sprachen, also das Zentral- und Süditalienische sowie das Rumänische, sind aber über diesen Zustand nicht mehr wesentlich hinausgegangen. Sie haben deshalb noch heute eine Menge von Wörtern bewahrt, die auf der vorvorletzten Silbe betont werden. Man vergleiche dazu z.B. ital. *dodici* "zwölf" < lat. DUŎ́DĔCĬM oder ital. *frassino* "die Esche" < lat. FRẮXĬNŬ mit den spanischen und französischen Entsprechungen *doce, fresno*, bzw. *douze, frêne*, die zeigen daß der Ausfall der Nachtonvokale in der Westromania offenbar weitgehend generalisiert worden ist. Und Gleiches gilt für die Vortonvokale.

Tendenziell kann man sagen, daß sich in diesen Positionen nur lat. A regelmäßig in der einen oder anderen Form erhalten hat. Orthographisch erscheint der Nachfolger dieses A in den iberoromanischen Sprachen in der Regel nach wie vor als *a*. Die Aussprache entspricht der Aussprache des *a* in anderen, unbetonten

Silben des Wortes. Nur das Katalanische weicht von der eben gegebenen Regel insofern ab, als hier an Stelle des nachtonigen *a* in der Schrift regelmäßig ein *e* erscheint, das im Westkatalanischen als [e] und im Ostkatalanischen als [ə] gesprochen wird. Man vergleiche dazu z.B. die Fortsetzer des griechischen Lehnworts Ŏ́RPHĂNŬ in den drei iberoromanischen Literatursprachen: span. *huérfano*, port. *orfão*, kat. *orfe*, im Westkatalanischen mit der Aussprache [ˈọrfe]. Hier gleich noch ein entsprechendes Beispiel für das besser bewahrte vortonige *a*: aus dem griechischen Lehnwort PĂRĂDĪ́SŬ wird im Spanischen *paraíso*, im Portugiesischen *paraíso* und im Katalanischen *paradís*, westkat. [paraˈδis], ostkat. [pərəˈδis].

Nachdem wir den Ausfall der anderen Vokale in nachtoniger Position schon an span. *ojo* (< ÓCLU), *oreja* (< AURÍCLA) usw. sowie an span. *doce* und *fresno* beobachtet haben, hier jetzt nur noch ein paar spanische Beispiele für den Ausfall der Vortonvokale. Span. *vergüenza* geht auf lat. VĔRĒCŬ́NDĬĂ zurück, span. *bondad* auf lat. BŎNĬTĀ́TĔ, span. *candado* auf lat. CĂTĒNĀ́TŬ, span. *diezmar* auf lat. DĔCĬMĀ́RĔ, span. *condado* auf lat. CŎMĬTĀ́TŬ, span. *temprano* auf vulg.lat. TĔMPŎRĀ́NŬ usw. Man beobachtet allerdings, daß sich die velaren Vokale in vortoniger Position überall etwas besser erhalten als die palatalen. Aus ASCŬLTĀ́RĔ für AUSCŬLTĀ́RĔ wird span. *escuchar*, port. *escutar* und kat. *escoltar*, und aus lat. SĂLŪTĀ́RĔ span. *saludar*, port. *saudar* und kat. *saludar*. Es fällt weiterhin auf, daß sich das Galicisch-Portugiesische auch hier als konservativstes unter den drei großen Sprachgebieten auf der Halbinsel erweist. Es hat den Nachtonvokal auch dann, wenn es sich nicht um ein *a* handelt, gelegentlich in ganz volkstümlichen Wörtern erhalten. So etwa in port. *nádega* "der Gesäßbacken", *fôlego* "der Atem", *bêbedo* "betrunken". Die ersten beiden kann man mit span. *nalga* und *huelga* vergleichen. Ersteres geht auf vulg.lat. *NÁTICA zurück, bei zweiterem handelt es sich um postverbale Ableitungen von einem Verb FŎLLĬCĀ́RĔ zu FŎ́LLĬS "der Blasebalg".

In allen iberoromanischen Sprachen und Mundarten können sich vor- und nachtonige Vokale aus spezifischen Gründen erhalten haben, z.B. in Buchwörtern oder weil der Vokal durch den Ausfall eines Konsonanten mit dem Vokal einer Nachbarsilbe zu einem Diphthong verschmolzen ist oder weil aus bestimmten Gründen der Vokal der Endsilbe früh geschwunden ist. Die Erhaltung des Vokals als Teil eines Diphthongs hat man z.B. in port. *névoa* und *fêmea* oder kast. *tibio, limpio, turbio,* den frühzeitigen Schwund eines Auslautvokals in kat. *cọ́rrer* und *prẹ́ssec* aus lat. CŬ́RRĔRĔ und PĔ́RSĬCŬ (vgl. allerdings auch port. *pêssego*) bzw. in kast. *árbol, huésped* usw.

3.6 Zusammenfassung

Zusammenfassend kann man sagen, daß das Schicksal der vor- und nachtonigen Vokale im romanischsprachigen Teil der Halbinsel relativ wenig für deren dialektale Gliederung abwirft, weil sie eben, mit Ausnahme von A, überall meist ausgefallen sind. Dagegen fanden wir im Schicksal der Vokale der übrigen Silben schon die Bestätigung der meisten üblicherweise für die Halbinsel angenommenen Sprach- und Dialektgrenzen. Es fehlen uns eigentlich nur noch zwei wichtige Grenzen. Nämlich die Grenze zwischen dem Kastilischen und dem Andalusischen im Zentrum sowie die Grenzen zwischen den nördlichen und südlichen Dialekten (*valenciá*) innerhalb des Katalanischen. Der Konsonantismus, dem wir uns jetzt nach einem kurzen theoretischen Intermezzo zuwenden, wird uns nicht nur diese Grenzen liefern. Er bringt auch weitere Bestätigung für die schon gefundenen Grenzen und — natürlich — auch noch einiges andere.

4. Theoretisches Intermezzo

Das, was uns im Bereich des Konsonantismus erwartet, ist nicht weniger oder wenigstens weniger kompliziert als das, was wir schon hinter uns haben. Denn beim Vokalismus hatten wir es mit dem Schicksal von nur fünf lateinischen Phonemen, eben den Vokalen *i, e, a, o, u* zu tun. Beim Konsonantismus geht es dagegen um das weitere Schicksal von 14 Konsonanten. Wir wollen trotzdem einen Augenblick innehalten, bevor wir uns, nachdem wir ein Meer von Fakten durchschwommen haben, gleich in das nächste stürzen.

Was wir hier betreiben, nennt man im allgemeinen Lautgeschichte. Wir sollten natürlich nicht vergessen, daß die Entwicklung einer Sprache nicht mit ihrer Lautentwicklung zusammenfällt. Auch ihr Wortschatz, ihr Wortbildungssystem und ihre Grammatik haben eine Entwicklung. Es mag erlaubt und sogar methodisch empfehlenswert sein, diese Entwicklungen getrennt zu behandeln. Man darf darüber aber nicht vergessen, daß sie nicht getrennt erfolgen.

Wir haben ja selbst am Beispiel der Opposition zwischen einer Auffassung des Bezeichneten als "kontinuierlich" bzw. "nicht kontinuierlich" in bestimmten asturischen Dialekten gesehen, wie bestimmte lautliche Sonderwege bestimmte grammatische Entwicklungen ermöglichen können. Am Beispiel der Aspiration und des nachfolgenden Abfalls von auslautendem *s* im Ostandalusischen haben wir umgekehrt gesehen, wie bestimmte Lautentwicklungen den Ausdruck bestimmter grammatischer Unterschiede in Gefahr bringen können und wie andererseits solchen Entwicklungen in den kritischen Bereichen oft nur dann stattgegeben wird, wenn schon alternative Lösungen bereitstehen. Es sind auch Beispiele aus der Geschichte der Sprachen bekannt, in denen ein Lautwandel dort ausgesetzt wird, wo er den Ausdruck grammatischer Unterschiede gefährden würde.

Kurz: Der Wandel in einem Bereich wird nicht blind und ohne Rücksichtnahme auf die jeweiligen Konsequenzen für die anderen Bereiche durchgeführt. Das ist auch ganz verständlich, denn es ist ja nicht die Sprache, die sich selbst verändert, sondern es sind die Sprecher, die ihre Technik des Sprechens verändern. Und diese Sprecher sind in allen Bereichen ihrer Sprache zu Hause und wissen — wenn auch unbewußt — um deren funktionellen Zusammenhang.

Das ist das eine, was wir nicht vergessen sollten, obwohl im Rest dieser Vorlesung davon selten mehr die Rede sein wird. Wichtiger noch scheint es, an dieser Stelle den Begriff des Lautwandels selbst kurz zu problematisieren. Er könnte ja so mißverstanden werden, als ob es hier ausschließlich um das Schicksal einzelner Laute einer Sprache gehe. Das ist in doppelter Hinsicht nicht die ganze Wahrheit. Denn einerseits betrifft ein lautlicher Wandel einen Sprachlaut selten unabhängig von dessen lautlicher Umgebung, und andererseits betrifft er auch seltener als man denkt wirklich nur einen Laut. Versuchen wir kurz, uns noch etwas zu verdeutlichen, was mit diesen beiden Behauptungen gemeint ist.

Zunächst zu der Behauptung, daß ein Lautwandel einen Laut selten unabhängig von dessen phonischer Umgebung betrifft. Erinnern wir uns wieder an das, was wir hinsichtlich der Entwicklung des lateinischen Vokalismus in den iberoromanischen

Mundarten gesehen haben. Es ist, wo immer ein Vokal überhaupt Veränderungen erfahren hat, fast nie möglich, in einem Satz zu sagen, was aus ihm in einer bestimmten Mundart geworden ist. Wir können im allgemeinen nur sagen, was unter bestimmten Bedingungen aus ihm geworden ist, also z.B. wenn er sich in anlautender Silbe befand und ihm kein Konsonant vorausging. Man nennt einen solchen Wandel einen bedingten oder kombinatorischen Wandel und stellt ihm nicht selten den sog. freien Wandel entgegen, der den Vokal bzw., allgemeiner gesprochen, den entsprechenden Laut angeblich unabhängig von einer bestimmten lautlichen Umgebung verändert.

Dieser Unterschied zwischen 'bedingtem' und 'freiem' Wandel ist aber recht künstlich, und, sofern er überhaupt gerechtfertigt ist, nur gradueller Natur. Denn erstens kommt der sogenannte freie Wandel kaum vor, und zweitens erfolgt er in Wirklichkeit nicht unabhängig von den lautlichen Bedingungen, unter denen der entsprechende Vokal oder Laut auftritt, sondern einfach unter allen Bedingungen, unter denen er in der fraglichen Sprache vorkommt. Die Behauptung, der entsprechende Laut hätte dieselbe Veränderung erfahren, auch dann, wenn er in der entsprechenden Sprache auch noch unter ganz anderen Bedingungen vorgekommen wäre, ist, wie man sofort bemerkt, völlig aus der Luft gegriffen. Man kann die Sache auch anders formulieren, indem man sagt, daß die einzige bekannte Bedingung für das Auftreten des Wandels im Falle des sog. freien Wandels das Auftreten des betroffenen Lautes selbst ist. Und diese Formulierung macht deutlich, daß der sog. freie Wandel nichts prinzipiell anderes als der bedingte, sondern nur ein Grenzfall des bedingten Wandels ist.

Jetzt kurz zu der zweiten Behauptung, nach der der Lautwandel viel häufiger als angenommen gar nicht einen einzelnen Laut, sondern eine ganze Lautklasse betrifft. Auch dafür haben wir in der Entwicklung des lateinischen Vokalismus hin zu den iberoromanischen Mundarten viele Beispiele gesehen. Wir können z.B. annehmen, daß sich schon lange vor dem sog. Quantitätenkollaps nicht einzelne Vokale des Lateinischen, sondern alle kurzen Vokale des Lateinischen etwas geöffnet haben, und daß sich umgekehrt nicht einzelne Vokale, sondern alle langen Vokale etwas geschlossen haben. Und später haben wir gesehen, daß die weitere Entwicklung des aus dem Quantitätenkollaps resultierenden fünfstufigen Vokalsystems fast überall in ein und derselben Position des Wortes in der palatalen und in der velaren Reihe analog verlaufen ist. Auch hier haben die Veränderungen, die sich freilich immer nur in einzelnen Lauten zeigen können, in Wirklichkeit nicht einzelne Laute, sondern Lautklassen betroffen: Laute, die aufgrund eines oder mehrerer gemeinsamer Merkmale eine Lautklasse bildeten.

Die Sprecher nehmen also offenbar in der Regel nicht einfach eine Veränderung an einem Laut, sondern eine Veränderung im Lautsystem vor, z.B. derart, daß sie den unterscheidenden Zug der "Vokallänge" zugunsten des "Öffnungsgrades" als unterscheidendem Zug aufgeben. Und sogar dort, wo sich ein bestimmter Lautwandel tatsächlich nur in einem Laut und unter bestimmten Bedingungen zeigt, handelt es sich in der Regel um einen systematischen Wandel, durch den ein unterscheidender Zug aufgegeben, durch einen anderen ersetzt oder neu in das System eingeführt wird. Solcher Lautwandel zeigt sich aber deswegen nur an einem Element, weil die entsprechende

Lautklasse nur ein Element enthält. Dafür hier schon zwei Beispiele aus dem Konsonantismus, auf die wir dann an ihrem systematischen Ort nicht mehr ausführlich eingehen müssen.

Wir könnten z.B. davon ausgehen, daß auf dem Weg vom Latein zu den iberoromanischen Mundarten der Unterschied zwischen einem langen und einem kurzen *r* durch einen Unterschied des Typs "mehrfach"/"einfach" ("gerollt"/"nur einmal angeschlagen") ersetzt wurde. Das hätte dann in der Tat nur das *r* betroffen. Nun wurde aber der Unterschied zwischen langen und kurzen Konsonanten, den das Lateinische kannte, auch bei allen anderen Konsonanten in der ganzen Iberoromania aufgegeben und in der Regel durch andere Unterschiede kompensiert. Diese Kompensation fiel unter anderem in Abhängigkeit von der Natur des betroffenen Konsonanten verschieden aus. Beim *r* hätte diese Kompensation in der Iberoromania in der neuen Opposition "mehrfach"/"einfach" bestanden. Ein Unterschied des Typs "mehrfach"/"einfach" kommt aber wohl nur bei Vibranten in Frage. Da es nun im lateinischen System nur einen Vibranten gab, brauchen wir uns auch nicht zu wundern, daß dieser Lautwandel nur das *r* betrifft. So wäre also die Ersetzung des unterscheidenden Zuges "lang"/"kurz" durch den Zug "mehrfach"/"einfach" nur die *r*-spezifische Ausprägung eines allgemeineren Wandels, der in der Aufgabe und Kompensation des alten Unterschiedes "lang"/"kurz" besteht.

Ähnlich mag es sich mit dem anlautenden F- verhalten. Dieses ist bekanntlich heute in den meisten kastilischen Dialekten spurlos verschwunden. In vielen kastilischen Dialekten hat es aber zunächst nur seinen labiodentalen Charakter verloren, der durch eine laryngale Engebildung (die schon bei der Aussprache des

F- bestanden haben mag) kompensiert wurde. Ramón Menéndez Pidal sprach in diesem Zusammenhang von einer *equivalencia acústica.* D.h., aus einem labiodentalen stimmlosen Frikativlaut wurde ein laryngaler stimmloser Frikativlaut [h]. Hätten die entsprechenden Dialekte parallel zu dem [f] auch ein stimmhaftes [v] besessen, so wäre vielleicht zu erwarten gewesen, daß auch dieses [v] durch ein stimmhaftes *h* ersetzt worden wäre. Wäre dies geschehen, dann wäre deutlich geworden, daß hier nicht primär ein einzelner Laut verändert, sondern ein distinktiver Zug des Systems durch einen anderen ersetzt worden ist. Aber wahrscheinlich besaßen diese Mundarten nie ein labiodentales [v] oder sie besaßen es nicht mehr, als in ihnen F- durch [h] ersetzt wurde. Der Konsonant, der in den altspanischen Handschriften mit *u* oder *v* geschrieben wird, wurde sicherlich frikativ und stimmhaft, aber bei den Sprechern, die von *f-* zu *h-* übergingen, vermutlich (schon) bilabial und nicht (mehr) labiodental ausgesprochen. Deshalb spricht auch die Tatsache, daß hier ein Wandel nur einen Laut betrifft, nicht gegen die Systematizität dieses Wandels.

5. Konsonantismus I: Beseitigung der Doppelkonsonanz

In Übereinstimmung mit den Ausführungen im 4. Kapitel werden wir auch bei der jetzt folgenden Behandlung des Konsonantismus im allgemeinen nicht einen Laut nach dem anderen betrachten. Stattdessen werden wir versuchen, soweit als möglich die Entwicklung ganzer Gruppen von Konsonanten, die auf Grund bestimmter Merkmale eine Klasse bilden und als solche auch ein weitgehend ähnliches Schicksal gehabt haben, im Zusammenhang zu sehen. Und natürlich werden wir dabei wieder nach typischen lautlichen Umgebungen differenzieren müssen, in denen die Laute einer bestimmten Gruppe auftreten können.

Gleich zu Eingang treffen wir beim Konsonantismus auf ein Phänomen, dessen genaue Parallele wir vom Vokalismus her schon kennen. Bei der Behandlung der phonischen Seite des klassischen Lateins haben wir ja festgestellt, daß es eine Eigentümlichkeit der lateinischen Sprache war, daß in ihr alle Phoneme, seien sie Vokale oder Konsonanten, im Prinzip einfach oder doppelt oder — wie man bei den Vokalen zu sagen pflegt — kurz oder lang vorkommen konnten. Und so wie wir feststellen mußten, daß dieser phonologische Unterschied im Bereich des Vokalismus im Vulgärlatein überall aufgegeben worden ist, so müssen wir jetzt feststellen, daß der Unterschied zwischen einfachen und doppelten Konsonanten, wenn auch nicht in der ganzen Romania, so wenigstens doch im gesamten Westen, aufgegeben wurde. Zu diesem Westen gehört außer der Iberischen Halbinsel auch ganz Gallien, einschließlich der ja ursprünglich ebenfalls keltisch besiedelten Poebene, der sog. GALLIA CISALPINA. Im Italienischen dagegen hat sich die Doppelkonsonanz erhalten, nicht nur in der

Schrift, sondern auch in der Aussprache, was uns Deutschen beim Italienischlernen erhebliche Schwierigkeiten bereitet.

Die allgemeine Aussage, nach der alle lateinischen Konsonanten im Prinzip einfach oder doppelt vorkommen konnten, muß noch etwas präzisiert werden. De facto gibt es unter den 14 bzw. 15 lateinischen Konsonanten (je nachdem, ob man H mitzählt oder nicht) doch einige, die nie oder nur unter einer ganz bestimmten Bedingung als Doppelkonsonanten vorkamen. Ersteres gilt zunächst einmal für den Konsonanten H, der aus dem Vulgärlatein ohnehin früh verschwunden ist. Es gilt aber wohl auch für das konsonantische I. Sein Konterpart, das konsonantische V, tauchte wohl erst spät, auf der Grenze zwischen Präfix und Stamm — z.B. in einer vulgären Aussprache von ĂDVḖNĬT mit Assimilation des D an das nachfolgende V — als Doppelkonsonant auf (vgl. ital. *avvenire*). Ähnlich wie später beim konsonantischen V war wohl bei F, B, D und G das Vorkommen der Doppelkonsonanz von vornherein auf die Grenze zwischen Präfix und Stamm beschränkt.

In allen Fällen, in denen die stimmhaften Doppelkonsonanten nur auf der Monemgrenze vorkamen, wurde sie in der gesamten Iberoromania auf die entsprechenden einfachen Konsonanten reduziert, wobei VV, BB, DD und GG mit den entsprechenden einfachen Konsonanten zusammenfielen. Diese einfachen Konsonanten werden auf der Halbinsel heute entsprechend ihrer intervokalischen Position nicht okklusiv, sondern frikativ gesprochen. Vgl. z.B. kast. *avenir(se en uno)* < vulg.lat. *AVVENÍRE, kast. *aducir* < lat. ĂDDŪ́CĔRĔ sowie kast. *agravar* < lat. ĂGGRĂVĀ́RĔ (vor /r/ wird /g/ auf der Halbinsel genauso gesprochen wie vor Vokal). Auch MM ließ man mit seiner einfachen Entsprechung M zusammenfallen (lat. FLẮMMĂ > port. *chama*, kast. *llama*, kat. *flama*).

Das, was wir bis jetzt zum Schicksal der lateinischen Doppelkonsonanz gesehen haben, läßt sich kurz wie folgt zusammenfassen. In der Westromania kommt es auch im Bereich der Konsonanten zu einer Aufgabe der Quantitätsunterschiede, wie wir sie im Bereich der Vokale in der gesamten Romania beobachtet haben. Zwei der 14 bzw. 15 lateinischen Konsonanten sind von dieser Entwicklung nicht betroffen, weil sie nie als Doppelkonsonanten vorkamen. Das ist einmal das im gesprochenen Latein ohnehin schon früh geschwundene H und zum anderen das konsonantische I. Bei denjenigen stimmhaften Konsonanten, die nur auf der Monemgrenze zwischen Präfix und Stamm als Doppelkonsonanten vorkamen, wie BB, DD, GG und VV, sowie außerdem bei MM, scheute man sich auf der Halbinsel in der Regel nicht, die ehemaligen Doppelkonsonanten bei Aufgabe der Doppelkonsonanz mit ihren einfachen Entsprechungen zusammenfallen zu lassen.

5.1 Nichtzusammenfall mit den einfachen Konsonanten

Bei allen übrigen Konsonanten einschließlich dem wie BB, DD, GG und VV auf die Monemgrenze beschränkten FF hat ein Zusammenfall der ehemaligen Doppelkonsonanten mit ihren einfachen Entsprechungen auf der Halbinsel in der Regel nicht stattgefunden. Das gilt also für PP, TT, CC, LL, NN, RR, SS und FF. Der phonetische Unterschied zwischen den Fortsetzern dieser Doppelkonsonanten und denjenigen ihrer einfachen Entsprechungen ist aber heute, nach Aufgabe der Doppelkonsonanz, kein quantitativer mehr, sondern ein qualitativer. Worin dieser

Unterschied in den einzelnen Dialektgebieten für die verschiedenen Konsonanten bestand, ist in Abbildung 3 dargestellt. Dort fehlen nur die Resultate von SS, FF bzw. S, F in den einzelnen Dialektgebieten, die in 5.1.1 nachgeliefert werden.

	Gal.-Port.	Leon.	Kast.	Arag.	Kat.	< (Vulg.) Lat.
-PP-	*copa* [p]	*copa* [p]	*copa* [p]	[p]	*copa* [p]	CŬPPĂ
P-	*porto* [p]	*puerto* [p]	*puerto* [p]	[p]	*port* [p]	PŎRTŬ
-P-	*loba* [β]	*ʈsoba* [β]	*loba* [β]	[β]	*lloba* [β]	LŬPĂ
		lloba		(o. [p])		
-TT-	*matar* [t]	*matar* [t]	*matar* [t]	[t]	*matar*[t]	MATTARE
T-	*tábua* [t]	*tabla* [t]	*tabla* [t]	[t]	*taula* [t]	TĂBŬLĂ
-T-	*roda* [δ]	*rueda* [δ]	*rueda* [δ]	[δ]	*roda* [δ]	RŎTĂ
				(o. [t])		
-KK-	*vaca* [k]	*vaca* [k]	*vaca* [k]	[k]	*vaca* [k]	VĂCCĂ
K-	*casa* [k]	*casa* [k]	*casa* [k]	[k]	*casa* [k]	CĂSĂ
-K-	*chegar* [γ]	*llegar* [γ]	*llegar* [γ]	[γ]	*plegar*	PLĬCĀRĔ
				(o. [k])	[γ]	
-LL-	*-elo* [l]	*-ieʈso*[ʈs]	*-illo* [ʎ]	[ʎ]	*-ell* [ʎ]	(CĂST)ĔLLŬ
		-iello[ʎ]		[ʈs] [ll]		
L-	*lá* [l]	*ʈsana*[ʈs]				
		llana[ʎ]	*lana* [l]	[l]	*llana* [ʎ]	LĀNĂ
-L-	*má* [ø]	*mala* [l]	*mala* [l]	[l]	*mala* [l]	MĂLĂ
-NN-	*ano* [n]	*ano* [n]	*año* [ñ]	[ñ] [n]	*any* [ñ]	ĂNNŬ
		año [ñ]		[nn]		
N-	*noite* [n]	*nueite*[n]	*noche* [n]	[n]	*nit* [n]	NŎCTĔ
		ñueche[ñ]				
-N-	*boa* [ø]	*buena* [n]	*buena* [n]	[n]	bona[n]	BŎNĂ
-RR-	*carro* [r̄]	*carro* [r̄]	*carro* [r̄]	[r̄]	*carro* [r̄]	CĂRRŬ
R-	*roda* [r̄]	*rueda* [r̄]	*rueda* [r̄]	[r̄]	*roda* [r̄]	RŎTĂ
-R-	*cara* [r]	*cara* [r]	*cara* [r]	[r]	*cara* [r]	CĀRĂ

Abb. 3: *Das Schicksal der lat. Doppelkonsonanten und ihrer einfachen Entsprechungen auf der Iberischen Halbinsel*

In der obersten Linie erscheinen die Namen der großen Dialektgebiete, die wir in der Iberoromania unterscheiden. Also von West nach Ost bzw. von links nach rechts das Galicisch-Portugiesische, das Leonesische, das Kastilische, das Aragonesische und das Katalanische. In der ganz linken Spalte sind die lateinischen Konsonanten aufgeführt, um deren Entwicklung es jetzt geht. Dabei wird jeweils zwischen drei typischen Vorkommen dieser Konsonanten im Lateinischen unterschieden: zunächst einmal zwischen dem Doppelkonsonanten und seiner einfachen Entsprechung, jeweils in intervokalischer Position (die kleinen waagerechten Striche stehen für Vokale oder für die Liquide R bzw. L, die in diesem Zusammenhang meist wie Vokale zählen). Aus Gründen, die gleich noch genannt werden, erscheint zwischen diesen beiden Positionen noch das Vorkommen des einfachen Konsonanten im absoluten Anlaut des Wortes. In der äußersten rechten Spalte steht jeweils ein lateinisches bzw. vulgärlateinisches Beispiel für das entsprechende Vorkommen des Konsonanten. So kommt z.B. lat. P in dem vulg.lat. Wort CÚPPA, dem Vorläufer von kast. *copa*, zwischen Vokalen als Doppelkonsonant vor. Dagegen erscheint es in lat. LŮ́PĂ "die Wölfin" als einfacher Konsonant zwischen Vokalen. Und in lat. PŎ́RTŬ "der Hafen" schließlich erscheint der gleiche Konsonant im absoluten Anlaut, wo im Lateinischen Doppelkonsonanz grundsätzlich nicht möglich, die Opposition zwischen "einfach" und "doppelt" also neutralisiert war.

5.1.1 Sonorisierung der einfachen Konsonanten

Wenn man nun nachsieht, was aus den drei Beispielwörtern CÚPPA, LŮ́PĂ und PŎ́RTŬ in den fünf Dialektgebieten geworden ist, so bemerkt man sofort, daß aus dem -PP- überall ein einfaches [p] geworden ist. Wir haben gal.-port., leon., kast. und arag. und kat. *copa*. Auch aus dem intervokalischen -P- ist überall dasselbe geworden, nämlich ein frikatives [β]. So in port. *loba*, leon. *ţsoba* bzw. *lloba*, kast. *loba* (so auch im Aragonesischen) und kat. *lloba*. Nur im Hocharagonesischen erscheint das intervokalische, einfache P gelegentlich als solches erhalten. Das initiale P- in lat. PŐRTŬ bleibt, wie man sieht, überall erhalten. Es fällt phonologisch mit dem einfachen [p] zusammen, das auf die Doppelkonsonanz zurückgeht. Ein ganz analoges Bild bieten die modernen Resultate für die verschiedenen Vorkommen von lat. T und C. Aus den Doppelkonsonanten wird überall der entsprechende einfache Konsonant, der damit mit dem entsprechenden Anlautkonsonant phonologisch zusammenfällt. Aus dem intervokalischen einfachen Konsonant wird (wieder mit gewissen Ausnahmen im Hocharagonesischen) überall der entsprechende stimmhafte Frikativ. Man hat wohl zurecht immer wieder diese Entwicklung mit der sog. 'lenición céltica' in Verbindung gebracht.

Dasselbe Muster wiederholt sich noch einmal für die verschiedenen Vorkommen von F, vorausgesetzt allerdings wir berücksichtigen nicht die modernen Ergebnisse, sondern die schriftlichen Zeugnisse des Mittelalters. Dann können wir nämlich ohne weiteres sagen, daß -FF- und anlautendes F- im Mittelalter als einfaches *f* weiterleben, während intervokalisches, einfaches -F- zu einem stimmhaften Frikativ *v* wird (der allerdings in den nördlichen Gebieten der Halbinsel bilabial, in den südlichen, mozarabischen Gebieten dagegen labiodental gesprochen worden sein dürfte). Und auch für S würde sich, wenn wir im Mittelalter stehenbleiben, ein analoges Bild ergeben. Wir hätten überall ein stimmloses [s] als Fortsetzer von lat. -SS- und anlautendem S- (Schreibung *-ss-* bzw. *s-*), aber ein stimmhaftes [z] als Fortsetzer von lat. intervokalischem -S- (Schreibung *-s-*).

Damit ist schon angedeutet, daß es bei diesen Ergebnissen nicht immer und überall geblieben ist. Das anlautende [f] ist im Kastilischen später zu [h] geworden bzw. sogar geschwunden. Und ebenfalls im Kastilischen lief der labiodentale Frikativ [v] schließlich überall zu dem bilabialen /b/ über. Was das weitere Schicksal der *s*-Laute betrifft, so stellen wir fest, daß stimmhaftes [z] und stimmloses [s] in allen spanischen Dialekten und im Galicischen später in /s/ zusammengefallen sind. Zu diesen jüngeren Entwicklungen weiter unten mehr.

Wenn wir aber von diesen neueren Entwicklungen absehen, so haben wir bis jetzt in unserem Schema sowie bei F und S eine erstaunliche Regelmäßigkeit angetroffen. Der intervokalische Doppelkonsonant wird überall auf den entsprechenden einfachen Konsonanten reduziert. Dagegen wird aus dem einfachen Konsonanten in intervokalischer Position ein stimmhafter Frikativ. Der alte Quantitätsunterschied überlebt also im neuen Gewand eines Qualitätsunterschiedes. Dabei ist aber der neue phonologisch relevante Unterschied nicht der zwischen Okklusivität und Frikativität, sondern der zwischen Stimmlosigkeit und Stimmhaftigkeit. Nur diesen Unterschied zwischen Stimmlosigkeit und Stimmhaftigkeit beobachtet man ja übrigens außer bei [p/β], [t/δ] und [k/γ] auch bei [f/v] und [s/z]. Ebenso regelmäßig ist bei allen bislang betrachteten Konsonanten der ehemalige Doppelkonsonant phonisch mit dem Anfangskonsonanten zusammengefallen.

5.1.2 Schicksal von -RR-

Wenn wir jetzt die Konsonanten L und N einen Augenblick überspringen und zunächst einen Blick auf das Schicksal von lat. R in den drei Positionen werfen, dann finden wir bis auf einen wichtigen Unterschied im wesentlichen wieder das gleiche Bild wie schon für P, T, C, F und S. Der Unterschied besteht darin, daß der dinstinktive Zug, mit dem die alte Opposition "lang"/"kurz" kompensiert wird, nicht die "Stimmlosigkeit"/"Stimmhaftigkeit" ist. Denn sowohl das "einfache" wie auch das "mehrfach gerollte" *r* werden überall stimmhaft ausgesprochen. (Mit einer Ausnahme, die aber offenbar noch sehr jungen Datums ist: Im Lissabonner Portugiesisch wird das ehemals "mehrfach gerollte" *r* heute gar nicht mehr "gerollt", sondern guttural und stimmlos ausgesprochen. Das portugiesische Wort für "Wagen" lautet hier nicht mehr [ˈkar̄u̥], sondern [ˈkaʀu̥]). Der distinktive Zug, der beim R den alten Quantitätsunterschied kompensiert, heißt also in der Mehrzahl der iberoromanischen Dialekte heute "mehrfach angeschlagen ('gerollt')"/"einfach angeschlagen". Damit steht man mit einem Fuß noch im Quantitativen, mit dem anderen schon im Qualitativen.

5.1.3 Ausfall des einfachen Konsonanten

Eigentlich interessant wird es nun aber erst, wenn wir uns der Entwicklung von lat. L und N in den fraglichen Positionen zuwenden. Und zwar in zweierlei Hinsicht: denn erstens beobachten wir hier plötzlich zum Teil sehr verschiedene Ergebnisse von Dialektgebiet zu Dialektgebiet, und zweitens schlägt sich der Anlautkonsonant jetzt in manchen Dialekten zu dem Fortsetzer des einfachen, intervokalischen Lautes, statt mit dem Fortsetzer des intervokalischen Doppelkonsonanten zusammenzufallen. Betrachten wir dazu jetzt die Beispiele in den waagrechten Spalten 4 und 5 der Abbildung 3.

Als Beispiele dienen uns bei L für die intervokalische Doppelkonsonanz das lat. Suffix -ḖLLŬ, wie wir es z.B. in CĂSTḖLLŬ "das Lager, die Burg" finden, für den einfachen Konsonanten im Anlaut das lateinische Wort LĀ́NĂ "die Wolle" und für den einfachen Konsonanten in intervokalischer Position das lateinische Adjektiv MẮLŬ "schlecht" in seiner femininen Form MẮLĂ. Für die drei entsprechenden Vorkommen von lat. N verwenden wir die drei Beispiele ẮNNŬ "das Jahr", NŎ́CTĔ "die Nacht" und das Adjektiv BŎ́NŬ "gut", letzteres wieder in seiner femininen Form. Prüfen wir jetzt, von West nach Ost gehend, was in den fünf großen iberoromanischen Dialektgebieten aus lat. L und N in diesen drei Positionen geworden ist.

Wir bemerken sofort, daß wir im Galicisch-Portugiesischen eine ganz andere Entwicklung als im Kastilischen vor uns haben. Der Doppelkonsonant wird jeweils auf den entsprechenden einfachen Konsonanten reduziert, und er fällt damit phonologisch mit dem einfachen Konsonanten am Wortanfang zusammen. Die einfachen, intervokalischen Konsonanten fallen dagegen einfach aus. Und zwar in den beiden von uns ausgewählten Beispielen, ohne eine Spur zu hinterlassen. Dieses spurlose Verschwinden beobachtet man für -L- durchgehend. Dagegen hat das -N- vor seinem Verschwinden dem vorausgehenden Vokal seine Nasalität mitgeteilt. Wir wissen schon, daß diese Nasalität im Galicischen durchgehend und im Portugiesischen zumindest in bestimmten Fällen später wieder verschwunden ist.

Damit kennen wir die L und N betreffenden Regeln, nach denen z.B. im Portugiesischen aus lat. CĂSTĔ́LLŬ *castelo*, aus lat. LĀ́NĂ *lã*, aus lat. MẮLĂ *má*, aus lat. ẮNNŬ *ano*, aus lat. NŎ́CTĔ *noite* und aus lat. BŎ́NĂ *boa* geworden ist. Mit dieser merkwürdigen Entwicklung steht das Galicisch-Portugiesische auf der Pyrenäenhalbinsel völlig isoliert da. Interessanterweise findet man aber dieselbe Entwicklung nördlich der Pyrenäen im Gascognischen. Dieses merkwürdige Zusammengehen verlangt natürlich nach einer historischen Erklärung. Einige Forscher haben dieses Phänomen versuchsweise mit einem keltischen Substrat, speziell dem der CALLAECI in Verbindung gebracht.

5.1.4 Kompensation der Länge

Etwas haben nun allerdings die anderen iberoromanischen Mundarten doch mit dem Galicisch-Portugiesischen gemein: Keine iberoromanische Mundart läßt es nämlich zu, daß die Fortsetzer von doppeltem LL bzw. NN und einfachem L und N in intervokalischer Position ohne weiteres zusammenfallen. Worin sich diese anderen iberoromanischen Mundarten hinsichtlich der Entwicklung von L und N vom Galicisch-Portugiesischen unterscheiden, ist zunächst einmal dies: Sie alle bewahren den einfachen Konsonanten in intervokalischer Position unverändert. Wenn sie den Doppelkonsonanten also nicht mit dem einfachen Konsonanten zusammenfallen lassen wollten, dann mußten sie beim Verzicht auf den Quantitätsunterschied die Länge durch ein anderes unterscheidendes Merkmal kompensieren. Damit ist der richtige Augenblick gekommen, um einen Blick auf das zu werfen, was L und N phonetisch gemeinsam ist, denn von dort her läßt sich auch die Frage beantworten, worin bei diesen beiden Konsonanten die Kompensation der Länge bestehen konnte.

L und N stimmen hinsichtlich des Artikulationsorts überein: Es sind apiko-alveolare Laute, die mit der Zungenspitze am oberen Zahndamm artikuliert werden. Der einzige Unterschied zwischen L und N besteht darin, daß der Verschluß des unteren Lautganges beim N total ist und die Luft durch den oberen Lautgang, also durch die Nase, entweicht. N ist ein Nasalkonsonant. Dagegen ist beim L der Verschluß des unteren Lautganges nicht total. Man läßt die Luft links und/oder rechts der Zunge entweichen. L ist ein lateraler Oralkonsonant.

Was geschah nun, als man in dem größten Teil der Iberoromania versuchte, LL und NN nicht mehr lang, sondern kurz, aber doch irgendwie intensiver als einfaches L und N zu artikulieren? Offensichtlich verstärkte man den Druck, mit dem die Zungenspitze an den Zahndamm angelegt wurde, so daß die Zunge nach vorne oder nach hinten umknickte.

Läßt man die Zunge nach vorne umknicken, dann kommt man von LL und NN zu dorso-palatalem [ʎ] und [ɲ]. Diese Laute werden also nicht mehr mit der Zungenspitze am Zahndamm, sondern mit dem Zungenrücken weiter hinten am harten Gaumen artikuliert. Diese Lösung ist die häufigere. Man findet sie in allen großen iberoromanischen Dialektgebieten außer dem Galicisch-Portugiesischen. Für lat. CĂSTḖLLŬ findet man leon. *castiello*, kast. *castillo*, arag. *castiell* und kat. *castell*. Und für lat. ẮNNŬ findet man leon. *añu*, kast. *año*, arag. *añ* und kat. *any*. Und so bleibt der ehemalige Doppelkonsonant überall von dem entsprechenden einfachen Konsonanten geschieden, den wir in den spanischen und katalanischen Dialekten unverändert erhalten finden. Vgl. leon., kast. und arag. *mala* und *buena* bzw. kat. *mala* und *bona*.

Es bleiben aber noch drei Besonderheiten im Bereich von L und N. Zunächst einmal müssen wir unsere einleitende Behauptung, daß die Doppelkonsonanz auf der Halbinsel nirgends erhalten sei, für L und N etwas einschränken: Doch, es gibt einzelne hocharagonesische Mundarten, die LL und NN erhalten haben. Es sind die gleichen Mundarten, in denen sich punktuell auch einfaches, intervokalisches P, T und K als stimmlose Okklusivlaute erhalten haben, was darauf hinweisen könnte, daß auch die entsprechenden Doppelkonsonanten dort "bis vor kurzem" noch bestanden haben.

Auffälliger noch ist, daß gewisse Zonen des Leonesischen und des Aragonesischen in seltsamer Einmütigkeit statt der dorsalen Kompensation der alten Länge bei LL eine retroflexe Kompensation aufweisen (vgl. im Schema *ṭs*). D.h., hier ist die Zungenspitze nach hinten umgeknickt, der resultierende Laut wird, wie man sagt, retroflex artikuliert, eben mit der Zungenspitze nicht mehr am Zahndamm, sondern in der Nähe des höchsten Punkts des harten Gaumens. Der höchste Punkt z.B. eines Baumes oder eines Berges heißt lat. CACUMEN. Deswegen nennt man die hier artikulierten Laute auch kakuminale Laute. Ein entsprechendes kakuminales *n* als Fortsetzer von lat. NN hat man in diesen Gebieten bislang nicht nachweisen können. Man rechnet aber damit, daß es in älterer Zeit bestanden hat. Dafür spricht einerseits die Tatsache, daß man in Süditalien kakuminale Nachfolger für lat. LL und lat. NN nachweisen kann. Andererseits die Tatsache, daß genau dort, wo man im Leonesischen und Aragonesischen bei lat. LL nicht die dorso-palatale, sondern die retroflex-kakuminale Kompensation der Länge beobachtet, auch bei lat. NN keine dorso-palatale Kompensation stattfindet. Statt retroflex-kakuminalem *n* findet man in diesen Gegenden heute einfaches [n], womit der ehemalige doppelte Konsonant letztlich doch noch mit seiner einfachen Entsprechung zusammengefallen ist.

Auch dieses merkwürdige Zusammengehen von Teilen des Leonesischen und Aragonesischen verlangt natürlich nach einer historischen Erklärung, auf die wir an anderer Stelle eingegangen sind. Mit dem Hinweis auf die süditalienische Parallele ist schon angedeutet, in welche Richtung die Erklärungen gehen, die vorgeschlagen worden sind. Über die Verbreitung dieser merkwürdigen kakuminalen Fortsetzer von LL und NN sowie über deren historische Deutung kann man sich in zwei gleichzeitig erschienenen Beiträgen informieren. Der erste stammt von Ramón Menéndez Pidal. Er trägt den Titel *A propósito de LL y L latinas. Colonización suditálica en España* und ist im BRAE 34 (1954), 165-215 erschienen. Der zweite stammt von Diego Catalán. Er trägt den Titel *Resultados ápico-palatales y dorso-palatales de -LL-, -NN- y de LL- (<L-), NN- (<N-)* und ist in der RFE 38 (1954), 1-44 erschienen. Was die Verbreitung dieser Laute im Leonesischen betrifft, so findet man in einem späteren Beitrag von Diego Catalán mit dem Titel *El asturiano occidental. Examen sincrónico y explicación diacrónica de sus fronteras fonológicas* sehr genaue Angaben (Romance Philology 10 (1956/-57), 71-92 und 11 (1957/58), 120-158).

5.2 Anlautkonsonanten: Behandlung so wie einfache oder so wie doppelte?

Die letzte Besonderheit, die im Bereich von lat. L und N hervorzuheben ist, ist – wie schon angedeutet – die folgende: Während der einfache Konsonant im Anlaut sich bei allen anderen Konsonanten, also bei P, T, C, R, F und S, immer auf die Seite der Fortsetzer der ehemaligen Doppelkonsonanten schlägt, gilt dies für L und N nur im Galicisch-Portugiesischen und im Leonesischen generell. Im Katalanischen gilt es nur für L, und für das Kastilische und das Aragonesische gilt es überhaupt nicht.

Betrachten wir also noch einmal das Schicksal der L und N in den Paaren CĂSTḖLLŬ und LĀ́NĂ, bzw. Ā́NNŬ und NŎ́CTĔ, die den Konsonanten einmal zwischen Vokalen und doppelt, das andere Mal einfach und am Anfang des Wortes zeigen. Im Galicisch-Portugiesischen haben wir in schöner Übereinstimmung [l] und [n] sowohl in *castelo* und *ano* wie auch in *lã* und *noite*. Und im Leonesischen haben wir wiederum in schöner Übereinstimmung in bestimmten Gegenden [ʈs] und [n] sowohl in *castieʈso* und *ano* wie auch in *ʈsana* und *nueite*, und in anderen Gegenden des Leonesischen finden wir [ʎ] und [ɲ] sowohl in *castiello* und *año* sowie auch in *llana* und *ñueche*. Den gleichen Parallelismus finden wir schließlich noch einmal im Katalanischen, aber nur für L. Dort finden wir [ʎ] sowohl in *castell*, wo es den ehemaligen Doppelkonsonant zwischen Vokal fortsetzt, wie auch in *llana*, wo es den einfachen Konsonanten im Anlaut fortsetzt.

Anders schon im Katalanischen, wenn wir zu N übergehen. Hier hat sich der einfache Konsonant im Anlaut zu dem einfachen Konsonanten zwischen Vokalen geschlagen. Aus Ā́NNŬ wird *any*, aber aus NŎ́CTĔ und BŎ́NĂ wird *nit* und *bona*. Und gerade diese

Verteilung finden wir im Kastilischen und im Aragonesischen nicht nur für N, sondern auch für L. Man vergleiche dazu einerseits kast. *año* bzw. *castello*, andererseits kast. *noche* und *buena* bzw. *lana* und *mala*.

5.3 Prinzipielles

Wir wollen dieses Kapitel, das dem Schicksal der lateinischen Doppelkonsonanten in ihrem Verhältnis zu den entsprechenden einfachen Konsonanten gewidmet war, nicht verlassen, ohne noch ein paar methodische und theoretische Lehren aus dieser Entwicklung zu ziehen. Niemand, der die Vorgänge im Zusammenhang mit der Aufgabe der lateinischen Doppelkonsonanz auf der Halbinsel betrachtet, kann sich der Erkenntnis entziehen, daß es sich hier um einen systematischen Wandel, ja um eine umfassende Umstrukturierung des gesamten lateinischen Konsonantensystems handelt. Das überragende Faktum ist das offensichtliche Bestreben, auf die Doppelkonsonanz zu verzichten, ohne die ehemaligen Doppelkonsonanten mit ihren einfachen Entsprechungen zusammenfallen zu lassen. Dieser Zusammenfall wird zumindest dort vermieden, wo dies in größerem Ausmaß zum phonetischen Zusammenfall seither verschieden ausgesprochener Wörter und Formen geführt hätte.

Man kann den Zusammenfall prinzipiell auf zwei Weisen verhindern: entweder man läßt den einfachen Konsonanten ausfallen, dann kann man den doppelten auf seine einfache Entsprechung reduzieren; oder man behält den einfachen Konsonanten bei, dann muß man den ursprünglichen Längenunterschied durch einen anderen phonologisch relevanten Unterschied kompensieren. Bei P, T, C, F und S wurde der Quantitätsunterschied durch den Unterschied "stimmlos"/"stimmhaft" kompensiert. Bei R, L und N, die schon "stimmhaft" waren, war diese Möglichkeit ausgeschlossen. Hier hat man andere Möglichkeiten gesucht und gefunden. Bei R wurde der Längenunterschied durch den gleichzeitig quantitativen und qualitativen Unterschied "gerollt/einmal angeschlagen" kompensiert. Bei L und N wird, sofern sich der einfache Konsonant in intervokalischer Position hält, die Länge durch Dorsalität oder durch Reflexion kompensiert. Dabei entschieden sich alle Dialekte bei jedem der beiden Laute für die gleiche Lösung.

Der Konsonant im Anlaut teilt meist das Schicksal des ehemaligen Doppelkonsonanten zwischen Vokalen. Dafür, daß dem doch nicht immer so ist, gibt es zum Teil plausible Motive. Wäre man im Kastilischen von anlautendem L- zu anlautendem [ʎ] übergegangen, dann wäre dieses L- mit PL-, FL- und CL- zusammengefallen, die im Kastilischen ebenfalls [ʎ] ergeben. Lat. LÁ̄NĂ "die Wolle" wäre also z.B. mit der femininen Form des lateinischen Adjektivs PLÁ̄NŬ "flach, eben" zusammengefallen. Diese Gefahr bestand im Katalanischen nicht, wo sich PL-, FL- und CL- erhalten haben. Man darf allerdings solche innersprachlichen Motive nicht zu Kausalgründen hochstilisieren. Es mag durchaus stimmen, daß man diesen Zusammenfall im Kastilischen vermeiden wollte. De facto hat man es aber im Leonesischen doch dazu kommen lassen. Halten wir auch hier noch einmal das Prinzipielle fest. Es gibt offenbar in der Geschichte der Sprachen gute Gründe (im Sinne von: gute Motive), bestimmte Änderungen durchzuführen oder sie zu unterlassen. Aber diese Motive sind nie blind wirkende 'causae' (also Kausalgründe). Das gilt für den phonischen Bereich genauso wie für alle anderen.

Die hier nachdrücklich unterstrichenen großen Zusammenhänge muß man zunächst einmal sehen und erklären, bevor man sich um die Erklärungen von allerhand Details bemüht. Dann fällt es auch leichter, diese Entwicklungen im Detail zu erklären, die, wie man sieht, zum Teil selbst wieder systematische Züge annehmen. Leider tendiert man in der historischen Sprachwissenschaft viel zu oft dazu, vor lauter Bäumen den Wald nicht mehr zu sehen und damit den Eindruck zu erwecken, als ergebe sich aus der Tatsache, daß es für den Sprachwandel nur Motive, aber keine Kausalgründe gibt, die notwendige Konsequenz, daß der Sprachwandel chaotisch verläuft. Das Gegenteil ist der Fall, auch wenn es manchmal schwerfällt, dies zu zeigen, weil es weitgehend dem Zufall überlassen ist, welche Zwischenstufen der Entwicklung sich dokumentieren lassen und für welche anderen wir uns mit einer vernünftigen Rekonstruktion zufriedengeben müssen.

Damit haben wir die Entwicklung der lateinischen Konsonanten im Anlaut vor Vokal und im Inlaut als einfache oder doppelte Konsonanten zwischen Vokalen bis hin zu den iberoromanischen Mundarten insoweit verfolgt, als diese Entwicklungen im Zusammenhang gesehen werden können. Bevor wir auf das Schicksal der lateinischen Konsonanten in anderen phonetischen Umgebungen zu sprechen kommen, wollen wir jetzt noch einige Weiterentwicklungen in den bis jetzt betrachteten Positionen behandeln, die aber nur noch einzelne unter den bislang vorgestellten Resultaten betreffen. Dabei wird einiges noch einmal aufgegriffen, was im Vorübergehen schon kurz erwähnt wurde.

6. Konsonantismus II: Weiterentwicklungen in jüngerer Zeit

6.1 Yeísmo

Beginnen wir am besten dort, wo wir eben aufgehört haben. Die Entwicklung von lat. L und N in den hier interessierenden Positionen läßt sich, wie wir sahen, insoweit sie für beide Konsonanten parallel verläuft, folgendermaßen resümieren: Im Galicisch-Portugiesischen wird aus dem doppelten Konsonanten ein einfacher, der alte einfache Konsonant fällt, und der Anlautkonsonant bleibt erhalten, fällt also mit dem Resultat des ehemaligen Doppelkonsonanten zusammen. Im Rest der Halbinsel bleiben alle L und N in den hier fraglichen Positionen in der einen oder anderen Form erhalten, der einfache intervokalische Konsonant gerade als [l] bzw. als [n]. Nirgends fällt der ehemalige Doppelkonsonant ohne weiteres mit dem einfachen Konsonanten zusammen. Aber man beobachtet zwei verschiedene Verfahren zur Kompensation der Länge: entweder die Zunge knickt nach vorne um, und es entstehen die dorso-palatalen Laute [ʎ] und [ñ], oder die Zunge knickt nach hinten um, und es entstehen retroflex-palatale Laute. Der Konsonant im Anlaut schlägt sich im Leonesischen zu diesen artikulatorisch verstärkten Fortsetzern der ehemaligen Doppelkonsonanz, im Kastilischen und Aragonesischen dagegen zum Fortsetzer des einfachen intervokalischen Konsonanten. Im Katalanischen schlägt sich L- zu -LL- und N- zu -N-.

So weit, so gut. Aber es ist nicht überall bei diesen Resultaten geblieben. Es wurde schon erwähnt, daß das rekonstruierte, retroflexe *n*, das in Teilen des Leonesischen und Hocharagonesischen bestanden haben muß, überall einfachem [n] Platz gemacht hat. Das betrifft aber jeweils nur relativ kleine Gebiete. Der bei weitem größte Teil der Halbinsel zeigt ja die andere Lösung, also die dorso-palatale Kompensation der ehemaligen Länge. Auch hier ist es im Nachhinein, wenn auch nicht überall, so doch in weiten Gebieten, zu einer zusätzlichen Vereinfachung gekommen. Diesmal aber nicht auf der Seite des Nasalkonsonanten [ɲ], sondern auf der Seite des lateralen Konsonanten [ʎ]. Die Vereinfachung, die hier gemeint ist, besteht in der Aufgabe der Lateralität, wodurch das dorso-palatale [ʎ] mit dem konsonantischen [j] zusammenfällt. Das führt dazu, daß z.B. im Kastilischen *pollo* "Huhn" und *poyo* "Fenstersims" gleich ausgesprochen werden. Bekanntlich nennt man diese sowohl im europäischen als auch im amerikanischen Spanisch weit verbreitete Erscheinung *yeísmo*. Statt der Aussprache [ˈpojo] für *poyo* und *pollo* finden sich, vor allem in Hispanoamerika, auch die Aussprachen [ˈpoʒo], [ˈpoʒ̂o] und sogar [ˈpoco].

Der Übergang von einem lateralen [ʎ] zu einem zentralen [j] ist in der Geschichte der Sprachen keine Seltenheit. Außerhalb der Pyrenäenhalbinsel findet man ihn z.B. im Französischen, im Provenzalischen, im Italienischen, im Rumänischen und angeblich auch im Ungarischen. Was die iberoromanischen Sprachen betrifft, so findet man ihn auch im Portugiesischen Brasiliens und der Azoren, im Leonesischen und im Katalanischen. Allerdings ist das im Portugiesischen und im Leonesischen von dieser Erscheinung betroffene [ʎ] anderen Ursprungs als dasjenige des Kastilischen. Und zum größten Teil gilt das auch für das Katalanische. Wir werden darauf in 9.2.2.5 noch zu sprechen kommen. Andererseits ist gleich noch zu erwähnen, daß auch im Kastilischen der *yeísmo* nicht nur das intervokalische, auf lat. -LL- zurückgehende [ʎ], sondern auch das auf lat. PL-, FL- und CL- zurückgehende [ʎ] betrifft. Leute, die den *yeísmo* praktizieren, sprechen also nicht nur kast. *calle* [ˈkaje] aus, sie sagen auch [joˈrar], [ˈjama] und [jaˈmar] für *llorar, llama* und *llamar.*

In seinem *La LL y sus alteraciones en España y América* überschriebenen Artikel im zweiten Band der vom *Consejo Superior de Investigaciones Científicas* (C.S.I.C.) 1951 in Madrid herausgegebenen *Estudios dedicados a Menéndez Pidal* (S. 41-89) informiert Amado Alonso ausführlich über den *yeísmo*. Allerdings sind seine Informationen, insbesondere was Spanien betrifft, inzwischen zum Teil mehr als 50 Jahre alt und deshalb sicherlich weitgehend überholt. Nach Amado Alonso, der sich seinerseits wieder auf andere Gewährsleute stützt, charakterisierte der *yeísmo* in Spanien damals einerseits die Sprache der großen Städte gegenüber den ländlichen Gegenden und andererseits den spanischen Süden, insbesondere den größten Teil Andalusiens, gegenüber dem Rest des spanischen Sprachgebiets. Nur in Andalusien einschließlich des südlichen Teils der *Estremadura* und Teilen der südlichen Meseta herrschte also damals, von Randgebieten abgesehen, der *yeísmo* auch überall auf dem Lande. Dagegen beobachtete man das Phänomen in Nordspanien damals noch ausschließlich in den großen Städten. So z.B. in Salamanca, Oviedo und Gijón sowie in Santander. Hinsichtlich der geographischen Verbreitung der einzelnen phonetischen Varianten des *yeísmo* in Spanien gilt noch heute, was Amado Alonso auf Seite 61 seines Beitrages schrieb: "La distribución geográfica de estas complicaciones nos es aún mal conocida, ...".

Nach Amado Alonso ist der *yeísmo* in Spanien etwa hundert Jahre jünger als das entsprechende Phänomen im Nordfranzösischen, wo es auf die zweite Hälfte des 17. Jahrhunderts datiert wird. Demnach müßte der *yeísmo* in Lateinamerika unabhängig von dem peninsularen *yeísmo* entstanden sein. Das ist auch angesichts der Tatsache, daß ein analoger Lautwandel in so vielen verschiedenen Sprachen belegt ist, ohne weiteres denkbar. Man muß allerdings bedenken, daß die Argumente, die Amado Alonso für diese späte Datierung des *yeísmo* anführen kann, nur Argumente ex silentio sind. D.h., er fand eben bei all denjenigen Autoren, die uns so viel über die Aussprache des Spanischen im Siglo de Oro mitteilen, keinerlei Hinweise auf den *yeísmo*. Solche Hinweise treten erst auf der Schwelle zum 19. Jahrhundert auf. Es genügt aber, daß irgendjemand unzweideutige Hinweise aus dem Siglo de Oro beibringt, um Amado Alonsos These zum Einsturz zu bringen. Erinnern wir uns in diesem Zusammenhang daran, daß genau dies inzwischen für eine analoge, ebenfalls auf Argumente ex silentio gestützte These Amado Alonsos eingetreten ist. Seine Anschauung, nach der auch der *seseo* im amerikanischen Spanisch unabhängig von dem andalusischen *seseo* entstanden wäre, muß heute, nachdem sich doch noch ältere Zeugnisse für diese Erscheinung auf der Halbinsel haben finden lassen, als widerlegt gelten. Und es gibt natürlich zu denken, wenn offenbar die meisten Varianten des Judenspanischen, dessen Entwicklung sich 1492 von der des peninsularen Spanisch trennt, den *yeísmo* aufweisen.

6.2 Weiterentwicklung von [r̄]

Nach den Weiterentwicklungen im Bereich von anlautendem und intervokalischem L(L) und N(N) jetzt noch einmal kurz zu dem Schicksal von R(R) in den fraglichen Positionen. Hier ist nur noch einmal daran zu erinnern, daß die alte Opposition zwischen kurzem und langem *r* in intervokalischer Position zunächst auf der ganzen Halbinsel zu einer Opposition zwischen einfach [r] und mehrfach angeschlagenem (d.h. gerolltem) [r̄] umgewandelt wurde und daß sich das anlautende R- dabei überall zum mehrfach angeschlagenen, also gerollten [r̄] geschlagen hat. Nur in Teilen des Portugiesischen ist es, ausgehend von Lissabon, später noch zu einer wichtigen Veränderung gekommen. Während das einfache R auch in Lissabon und Umgebung noch heute ein apikales Zungen-*r* ist, hat man das mehrfach angeschlagene, gerollte [r̄] hier durch ein uvulares [ʀ] ersetzt (vgl. 5.1.2).

Auch dies ist eine Entwicklung, die man außerhalb der Halbinsel in vielen Sprachen beobachten kann, z.B. im Französischen, im Deutschen und im Schwedischen. Dabei wird das uvulare [ʀ] merkwürdigerweise überall von den städtischen Zentren propagiert. Also in Frankreich von Paris und in Schweden von Stockholm, und auch in Deutschland ist das gerollte [r̄], das ursprünglich im gesamten deutschen Sprachgebiet geherrscht haben dürfte, heute auf Randgebiete reduziert. Man findet es einerseits noch im Südosten des deutschen Sprachgebietes (in Franken, Bayern und Österreich), andererseits im Norden (in Mecklenburg). Es sei wenigstens erwähnt, daß es im amerikanischen Spanisch auch noch andere Weiterentwicklungen dieses vormals gerollten *r* gibt. Halten wir fest, daß uns der Übergang von dem gerollten zum uvularen [ʀ] im Bereich des Konsonantismus zum ersten Mal eine — freilich noch ganz junge — portugiesische Binnengrenze abwirft.

6.3 Zusammenfall von *b* und *v*

6.3.1 Vorbemerkung

Eine weitere Entwicklung, die in der Regel unter dem Namen 'Zusammenfall von *b* und *v*' abgehandelt wird, betrifft im wesentlichen die Nachfolger von drei lateinischen Konsonanten, nämlich P, B und V. P ist allerdings nur insofern betroffen, als es in der gesamten Westromania in intervokalischer Position ebenso wie T und C sonorisiert, also in einen stimmhaften Konsonanten umgewandelt wurde. Der 'Zusammenfall von *b* und *v*' ist für uns besonders interessant, weil er eine weitere portugiesische Binnengrenze und eine erste Nord-Süd-Grenze innerhalb des Katalanischen abwirft.

Die Geschichte des 'Zusammenfalls von *b* und *v*' ist nicht ganz einfach und auch nicht ganz geklärt. Man kann sie nur verstehen, wenn man Graphien, Phoneme und Laute auseinanderhält. Dies erleichtern wir optisch dadurch, daß wir die Graphien weiterhin einfach durch Buchstaben darstellen, wobei die Großbuchstaben B und V für die Graphien der lateinischen Texte und die kursiven Kleinbuchstaben *b*, *v*, *u* für die Graphien der romanischen Texte stehen. Die Zeichen für die Phoneme setzen wir weiterhin zwischen Schrägstriche. /b/ steht also für das Phonem *b* usw. Und die Zeichen für die Laute setzen wir weiterhin zwischen eckige Klammern: [b], [β], [v] und [w] stehen also für vier verschiedene konsonantische Laute.

6.3.2 Verwechslungen von lat. B und V

Wir dürfen davon ausgehen, daß im archaischen und im klassischen Latein das durch B wiedergegebene Phonem wirklich als bilabiales, stimmhaftes, okklusives [b] gesprochen wurde, und wir gehen gemäß den Ausführungen in 2.2 davon aus, daß das durch V wiedergegebene Konsonantenphonem sich phonetisch nur durch eine weitere Verengung des Lautganges von seinem ebenfalls V geschriebenen vokalischen Konterpart, dem [u], unterschied, also [w] gesprochen wurde. Eine große Anzahl von Verwechslungen zwischen B und V in lateinischen Inschriften scheint nun aber darauf hinzuweisen, daß in der Kaiserzeit das lateinische Phonem /b/ zumindest in intervokalischer Position mit dem lateinischen Phonem /w/ zusammengefallen ist. Die einfachste Art, sich diesen Zusammenfall vorzustellen, besteht in der Annahme, daß sich die beiden Lautungen sozusagen in der Mitte getroffen haben. Sowohl aus intervokalischem /b/ wie auch aus /w/ wäre ein [β] geworden, also ein Laut, der zwar frikativ ist wie [w], aber nicht mit Lippenrundung, sondern einfach bilabial gesprochen wird, so wie [b]. Nach dem Zeugnis der meisten romanischen Sprachen wurde aber das Resultat des Zusammenfalls von intervokalischem -B- und -V- schon seit spätlateinischer Zeit nicht mehr bilabial als [β], sondern labiodental als [v] gesprochen. Also:

-B[b]- ↘
[β] → [v]
-V[w]- ↗

Fraglich ist dabei nur, ob wirklich noch die ganze Iberische Halbinsel bei der Umwandlung von [β] in [v] mitgemacht hat.

6.3.3 Zusammenfall von romanisch *b* und *v*

Es ist aber nicht dieser Zusammenfall von lat. -B- und lat. -V- in der Kaiserzeit, der in unserem Zusammenhang mit dem 'Zusammenfall von *b* und *v*' gemeint ist. Wenn die Iberoromanisten von dem 'Zusammenfall von *b* und *v*' sprechen, dann meinen sie damit eine noch weitergehende, typisch iberoromanische Entwicklung. Diese läßt das Resultat jenes älteren Zusammenfalls, also das [β] oder spätestens das [v] aus dem Schema in 6.3.2, mit allen noch erhaltenen lateinischen und neu entstandenen westromanischen [b] in einem Phonem zusammenfallen. Erhalten hatte sich lat. [b] im Anlaut und nach Konsonant, neu entstanden war [b] in der Westromania durch die Sonorisierung von intervokalischem -P-. Genauer gesagt, dürften sich die Dinge wie folgt abgespielt haben.

Auf der ganzen Iberischen Halbinsel ist es zunächst bei den erhaltenen und neu entstandenen [b] zu einer allophonischen Variation gekommen. Das entsprechende Phonem wurde und wird im absoluten Anlaut, also nach einer Pause, und nach Nasalkonsonant okklusiv als [b], in allen anderen Positionen aber frikativ als [β] ausgesprochen. Eine analoge Variation der Aussprache beobachtet man bekanntlich auch bei den Phonemen /d/ und /g/ auf der ganzen Halbinsel (wobei nur noch zu ergänzen ist, daß das Phonem /d/ in der Regel nicht nur im absoluten Anlaut und nach Nasalkonsonant, sondern auch nach [l] okklusiv ausgesprochen wird).

Zu diesem bilabialen stimmhaften Phonem /b/ mit den beiden Allophonen [b] und [β] ist nun in großen Teilen der Pyrenäenhalbinsel auch das Resultat des Zusammenfalls von intervokalisch -B- und -V-, also das [β] bzw. [v] aus dem Schema in 6.3.2

übergelaufen:

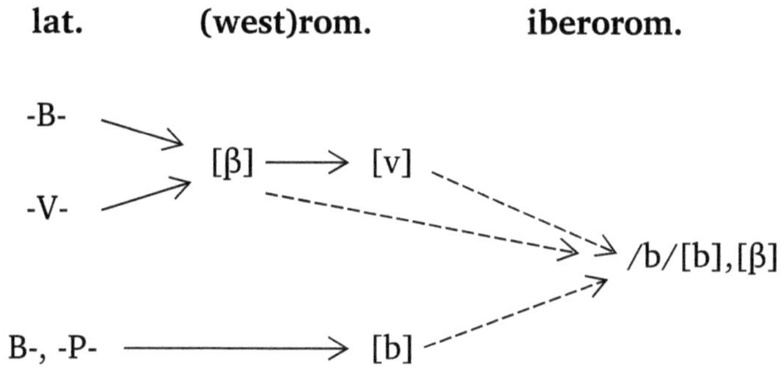

Solche Verhältnisse treffen wir auf der Pyrenäenhalbinsel nicht nur im gesamten spanischen Sprachgebiet einschließlich dem Leonesischen, dem Aragonesischen und dem Andalusischen an. Wir finden sie, wie schon angedeutet, auch im Galicischen, im nördlichen Portugiesischen und im nördlichen Teil des Festlandkatalanischen. Außerhalb der Pyrenäenhalbinsel findet man den Zusammenfall von /b/ und /v/ im gesamten Gaskognischen und östlich davon im südlichen Okzitanischen bis hin zu den Küsten des Mittelmeers. Hinzu kommt noch, daß die Verhältnisse im Baskischen ganz analog sind. Auch dort beobachtet man die gleiche Variation zwischen Okklusiv und Frikativ bei den baskischen Phonemen /b/, /d/ und /g/. Und auch dort gibt es kein [v], weder als Allophon, noch als eigenes Phonem.

Das Zentral- und Südportugiesische, das Valencianische (mit Ausnahme des *apitxat* in und um die Stadt Valencia selbst), das Balearische und der katalanische Dialekt der sardischen Stadt Alghero unterscheiden dagegen nach wie vor zwischen /b/ und

/v/, obwohl auch sie die allophonische Variation zwischen Okklusiv und Frikativ für das bilabiale Phonem mitmachen. Alle diese Dialekte kennen also sowohl ein [v] wie auch ein [b] und ein [β], wobei aber die beiden zuletzt genannten Laute nur allophonische Varianten ein und desselben Phonems sind. Diese Situation sei kurz anhand einer Form des Standardportugiesischen veranschaulicht. Dort finden wir z.B. in der 1. und 3. Person Imperfekt des Verbs *babar* "geifern, schäumen", die *babava* geschrieben wird, gleich alle drei Laute in einem Wort. Das okklusiv bilabiale [b] und seine frikative Variante [β] im Stamm, und das bilabiale [v] in der Endung. Also in phonetischer Umschrift: [bɐˈβavɐ].

Zusammengefaßt kann man sagen, daß wir ein recht großes, sich von West nach Ost erstreckendes, zusammenhängendes Gebiet haben, in dem nicht zwischen /b/ und /v/ unterschieden wird. Das Rückgrat dieses Gebietes bilden die Pyrenäen mit ihrer westlichen Fortsetzung, der Cordillera Cantábrica. Im Zentrum dieses Gebietes liegt das baskische Sprachgebiet. Und natürlich hat man dies als Hinweis auf den Ursprung des Zusammenfalls von /b/ und /v/ verstanden. Offensichtlich hat sich die Erscheinung erst spät und ausgehend von dem baskisch-romanischen Grenzgebiet das gesamte spanische Sprachgebiet erobert. Denn in altspanischen Texten wird noch weitgehend etymologisch kohärent zwischen den Graphien *b* und *v* (bzw. *u*), unterschieden, wenn auch nicht ganz klar ist, wodurch sich die beiden entsprechenden Phoneme damals phonetisch voneinander unterschieden.

6.3.4 Ergebnis

Daß es sich hier um recht komplexe Vorgänge handelt, konnte man wohl auch noch an der vereinfachten Darstellung erkennen. Es wurde auch erwähnt, daß es in dieser Entwicklung noch viele Unbekannte gibt. Das gilt nicht nur für ihre Erklärung, sondern auch für ihren Verlauf. Es sei dafür noch einmal auf zwei Punkte hingewiesen:

Erstens ist noch unklar, ob der Zusammenfall von westromanischem /b/ und /v/ ursprünglich nur in unmittelbarer Nachbarschaft des Baskischen eintrat und erst später ins Okzitanische, Katalanische, Galicische und Nordportugiesische exportiert wurde oder ob er in allen diesen Gebieten einheimischen Ursprungs ist.

Zweitens ist noch ganz unklar, wie die Situation im Altspanischen war, also vor der Generalisierung des Zusammenfalls von /b/ und /v/, die erst in der zweiten Hälfte des 16. Jahrhunderts eingetreten zu sein scheint. Entweder unterschied man damals zwischen zwei Phonemen /b/ und /v/ und drei Lauten, nämlich [b], [β] und [v], so wie heute noch im Standardportugiesischen und im Südkatalanischen, oder es gab nur zwei Laute, nämlich [b] und [β]. Letzteres würde aber bedeuten, daß das Phonem /b/ noch in allen Positionen okklusiv als [b] ausgesprochen wurde.

Die wichtigsten Informationen zu dem Problem des Zusammenfalls von /b/ und /v/ hat Frederick H. Jungemann im 15. Kapitel seines Buches *La teoría del sustrato y los dialectos hispano-romances y gascones* (Madrid: Gredos 1955) zusammengestellt. Wir wollen diesen Punkt nicht verlassen, ohne noch einmal das für uns wichtigste Ergebnis festzuhalten. Der Zusammenfall von /b/ und /v/ ergibt uns eine Grenze, die im Portugiesischen und im Katalanischen den Norden vom Süden trennt. Ein Unterschied zwischen den portugiesischen und den katalanischen Verhältnissen besteht darin, daß das Standardportugiesische auf dem Südportugiesischen fußt, während das Standardkatalanische auf dem Nordkatalanischen fußt. Im Standardportugiesischen finden wir also zwei Phoneme und die drei Laute [b], [β] und [v], im Standardkatalanischen dagegen nur ein Phonem und die zwei Laute [b] und [β].

6.4 Weiterentwicklung von F-

6.4.1 Vorbemerkung

Der nächste Punkt, dem wir uns zuwenden wollen, ist das weitere Schicksal von anlautendem lat. F-. Im Zusammenhang mit der Reduktion der Doppelkonsonanz haben wir in 5.1.1 gesehen, daß dieses F- zunächst (fast) überall auf der Halbinsel und — so können wir ergänzend hinzufügen — in der Romania erhalten bleibt. Mit ihm fällt in der Westromania phonologisch das auf den entsprechenden Doppelkonsonanten zurückgehende, einfache intervokalische [f] zusammen, während aus dem einfachen intervokalischen -F- ein [v] wird. Wir wissen aber vom Spanischen her, daß es dabei nicht überall geblieben ist. In der spanischen Orthographie erscheint an Stelle des anlautenden F- in der Regel ein *h*, das heute nicht mehr gesprochen wird.

Wenn wir die auf Kastilisch geschriebenen Texte betrachten, dann können wir hinsichtlich des anlautenden F- zwei Epochen unterscheiden. Das ganze Mittelalter hindurch bleibt dieses F- weitgehend erhalten (erste Epoche). Gegen Ende des 15. Jahrhunderts tritt der Buchstabe *h* an seine Stelle. Die Schreibung mit *h* statt *f-* setzt sich ziemlich genau ab dem Jahr 1500 durch. Sie gewinnt in jeder Neuauflage der 1499 zum ersten Mal erschienen Celestina an Boden und dominiert schon ganz in den ab 1492 erscheinenden Werken des spanischen Renaissancephilologen Antonio Nebrija (zweite Epoche). In der Schrift hat sich dieser Zustand bis heute erhalten, während man in der Aussprache in der modernen Standardsprache und im größten Teil des kastilischen Sprachgebiets keine Aspiration mehr findet.

6.4.2 Menéndez Pidals *Orígenes del español* (1926, ³1950)

Die Entwicklungen, die letztlich zum gänzlichen Schwund des anlautenden F- in der spanischen Standardsprache geführt haben, wurden von Ramón Menéndez Pidal in seinen erstmals 1926 erschienenen *Orígenes del español* in bis heute vorbildlicher Weise rekonstruiert und erklärt. Zunächst ein paar Worte zu diesem überaus wichtigen Werk. Man kann ohne Übertreibung sagen, daß Menéndez Pidal mit diesem Buch dasjenige Bild von der Rolle des Kastilischen für die Ausgliederung der romanischen Sprachräume auf der Halbinsel gezeichnet hat, das heute allgemein als das richtige akzeptiert wird. Dieser Wurf konnte nur deshalb gelingen, weil Menéndez Pidal mit diesem Buch auch methodisch einen ganz neuen Weg einschlug. Während man es vor ihm als gegeben hinnahm, daß über den Zustand der romanischen Dialekte auf der Halbinsel vor dem Auftreten der ersten romanischen Sprachdenkmäler im 11. Jahrhundert kaum etwas in Erfahrung zu bringen sei, machte sich Menéndez Pidal damals erstmals daran, die älteren mittellateinischen Urkunden der Halbinsel systematisch auf Einflüsse der romanischen Mundarten auf das Latein der Schreiber hin zu untersuchen. Daher der Untertitel seines Werkes: *Estado lingüístico de la Península Ibérica hasta el siglo XI.*

Menéndez Pidal besaß nicht nur die philologischen, historischen und kulturhistorischen Kenntnisse, die für so ein schwieriges Unterfangen nötig waren. Bei ihm verband sich auch die allergrößte Akribie im Detail mit der für solche Unternehmungen unverzichtbaren rekonstruierenden Phantasie aufs Glücklichste. Seit den *Orígenes del español* weiß man, daß die Halbinsel bis zum Durchbruch der Reconquista in sprachlicher Hinsicht noch ein relativ einheitliches Bild bot. Die mozarabischen Dialekte bildeten die Brücke von den westlichen zu den östlichen Dialekten. Erst durch den Vorstoß des revolutionären Kastilisch nach Süden und sein zunehmendes Ausgreifen auch nach Westen und Osten wurde diese relative Einheit definitiv zerstört. Und zu den Erscheinungen, an denen sich das besonders deutlich zeigen läßt, gehört gerade das Schicksal von anlautendem lat. F-.

Die Ausführungen der ersten Auflage der *Orígenes* zu diesem Punkt stießen zunächst in der internationalen Romanistik auf große Skepsis. Die großen Figuren der französischen und deutschen Romanistik hatten wohl noch gar nicht begriffen, daß Spanien plötzlich mit Menéndez Pidal über einen Philologen verfügte, der ihnen nicht nur das Wasser reichte, sondern gerade auch in methodischer und theoretischer Hinsicht schon einige Schritte voraus war. So sah sich Menéndez Pidal gezwungen, seine Rekonstruktion des Schicksals von anlautendem F- in der zweiten und dann noch einmal in der dritten, definitiven Ausgabe der *Orígenes* von 1950 mit weiteren Argumenten zu untermauern.

So ist aus dem berühmten § 41 der *Orígenes* letztlich ein Musterbeispiel historischer Rekonstruktion geworden, das, um den Titel eines Buches von Leo Spitzer zu zitieren, allen Anspruch darauf hat, zu den 'Meisterwerken der romanischen Sprachwissenschaft' gezählt zu werden. Der Leser dieses Paragraphen bekommt noch einmal alle Gegenargumente der anderen Seite vorgeführt und findet diese Punkt für Punkt widerlegt. Und im Zuge dieser Widerlegung wird er auch zum Zeugen des Aufstands eines neuen, letztlich idealistischen Paradigmas in der historischen Sprachwissenschaft, gegen das aus dem 19. Jahrhundert stammende positivistische Paradigma der Junggrammatiker. Übrigens gibt es von den *Orígenes del español* eine von Menéndez Pidal selbst verfaßte Kurzfassung, die unter dem Titel *El español en sus primeros tiempos* in der Colección Austral immer wieder neu aufgelegt worden ist.

In dem folgenden Referat der wichtigsten Ergebnisse, zu denen Menéndez Pidal in diesem Paragraphen in der Version von 1950 kommt, wird ganz besonderer Wert auf das Methodische und das Generalisierbare gelegt, also auf das, was als Menéndez Pidals Beitrag zur Theorie des Sprachwandels, insbesondere des Lautwandels gelten kann. Da die Rekonstruktion der Entwicklung bei Menéndez Pidal mit ihrer Erklärung aufs engste verknüpft ist, werden auch wir, abweichend von unserem sonstigen Vorgehen, hier ausnahmsweise die Erklärung der Vorgänge mit in ihre Darstellung einbeziehen.

6.4.3 Ältere Hypothesen

Menéndez Pidal beginnt, wie gesagt, mit dem Referat der von seiner Sicht der Dinge abweichenden Positionen, die vor und nach dem Erscheinen der ersten beiden Auflagen der *Orígenes* vertreten worden sind. Diese Positionen lassen sich alle zwischen zwei extremen Positionen aus dem 19. Jahrhundert ansiedeln. Die eine wurde von Friedrich Diez in seiner *Grammatik der romanischen Sprachen* vertreten (Menéndez Pidal benützte die französische Übersetzung der dritten Auflage des ersten Bandes von 1870). Nach Diez fand der Wandel von F- zu [h] erst am Ende des 15. Jahrhunderts statt, als sich die Schreibung mit *h*- in der Schrift durchsetzte. Die zweite, ebenso extreme Position war die des Baskologen A. Luchaire, der annahm, lat. F- sei im Kastilischen von allem Anfang an als [h] gesprochen worden, auch wenn dieses [h] noch bis zum Ende des Mittelalters in der Schrift durch ein *f* wiedergegeben worden sei.

6.4.4 Menéndez Pidals Rekonstruktion

6.4.4.1 *Una multisecular pugna*

In der einen oder anderen Form wiederholen alle Autoren, die von Menéndez Pidal abweichen, den prinzipiellen Fehler, der Diez und Luchaire gemein ist: Alle diese Autoren, allen voran der berühmte Wilhelm Meyer-Lübke, gehen nämlich davon aus, daß der Nachfolger von lat. F- zu einem bestimmten Zeitpunkt im Kastilischen entweder [f] oder [h] gelautet haben müsse. Demgegenüber vertritt Menéndez Pidal die Anschauung, daß die beiden Aussprachen [f] und [h] in demjenigen Romanisch, das ganz allmählich zum Spanischen wurde, jahrhundertelang als geographische, soziale und/oder stilistische Varianten nebeneinander bestanden haben können. Und das ist schon deswegen unwiderlegbar, weil dem ja im spanischen Sprachraum in diatopischer Hinsicht bis heute so ist. Es gibt dort noch heute Dialekte, die F- erhalten haben, solche, die aspirieren, und solche, in denen das F- restlos verschwunden ist. Das Alte und das Neue folgen also nicht einfach chronologisch aufeinander. Sie können jahrhundertelang nebeneinander stehen, bis schließlich vielleicht das eine oder andere einmal ganz den Sieg davonträgt. In den Worten von Menéndez Pidal: "tenemos que presenciar no 'una ley fonética' cumplida con exactitud mecánica en el preciso momento de su promulgación, sino una multisecular pugna de formas varias, conviventes, ..." (1950, p. 208).

6.4.4.2 *La equivalencia acústica*

Ein anderer Punkt, der den Gegnern der Rekonstruktion von Menéndez Pidal besondere Schwierigkeiten bereitete, betrifft den Begriff der *equivalencia acústica,* der für Menéndez Pidals Rekonstruktion eine große Rolle spielt. Die meisten Gegner hingen noch der Vorstellung an, der phonetische Wandel vollziehe sich allmählich und graduell. Demgegenüber geht Menéndez Pidal davon aus, daß schon zu der Zeit der Romanisierung Sprecher in den Randgebieten des baskischen Sprachgebiets, die zum Latein übergingen, anlautendes F- durch den akustisch ähnlichsten, wenn auch artikulatorisch ganz anderen Laut [h] ihrer eigenen Sprache ersetzten, weil diese über kein anlautendes F- verfügte.

Es geht also gar nicht um das graduelle 'Verrutschen' eines Lautes, eine Konzeption, die ja mit einem jahrhundertelangen Nebeneinander des Anfangs- und des Endwertes einer solchen Bewegung bei gleichzeitigem Fehlen von Zwischenwerten unverträglich ist, sondern es geht um die unmittelbare Ersetzung eines Lautes durch einen anderen, akustisch ähnlichen, der diesen Sprechern auf Grund ihrer Aussprachegewohnheiten bequemer scheinen mußte. Und diese Konzeption ist durchaus damit verträglich, daß sich andere Sprecher bzw. sogar dieselben Sprecher in anderen Situationen um eine korrektere Aussprache des Lateins bemüht haben. Die Entstehung von [h] als *equivalencia acústica* für [f] ist also ohne weiteres mit der Vorstellung verträglich, daß [f] und [h] schon in der Zeit der Romanisierung als dialektale, soziale bzw. stilistische Varianten nebeneinander bestanden haben. Und bei diesem Nebeneinander muß [h] lange Zeit eher als hinterwäldlerisch, vulgär und ungepflegt, [f] dagegen eher als höfisch, gebildet und gepflegt gegolten haben.

6.4.4.3 Fälle der Erhaltung von F-

So erklärt sich auch die Tatsache, daß F- in bestimmten Wörtern, die vor allem im kirchlichen Bereich eine Rolle spielen, letztlich den Sieg davongetragen hat (vgl. z.B. *fe, feria, fiesta* usw.), daß wir manchmal beide Varianten erhalten haben — mit z.T. charakteristischem Bedeutungsunterschied (vgl. z.B. *forma* und *horma, faz* und *haz* < FẮCĬĔ f. bzw. FẮSCĔ) — und daß sich nach der spanischen Diphthongierung vor dem Diphthong [we] die jetzt durch den labialen Halbkonsonanten gestützte Variante mit F- durchsetzen konnte (vgl. z.B. *fuego, fuelle, fuente, fuera, fuerte*).

6.4.4.4 Frühe Belege für die Aspiration oder den Schwund

Es gibt nun aber doch nicht wenige mittelalterliche Schreibungen mit *h-* (bzw. sogar ohne Konsonant am Wortanfang). Und zwar nicht erst in den romanischen Quellen, die erst gegen Ende des 11. Jahrhunderts etwas reicher zu fließen beginnen, sondern schon in den mittellateinischen Urkunden des 10. und sogar des 9. Jahrhunderts, die Menéndez Pidal untersucht hat. In Texten aus dem östlichen León, Kastilien, der Rioja und dem westlichen Aragón treten schon damals vor allem Orts- und Personennamen auf, in denen das F- fehlt oder ein h an seiner Stelle steht. So erscheint z.B. in einem kastilischen Dokument aus dem Jahre 863 der Name *Hortiço*, der letztlich auf lat. FŎRTĪ́CĬU zurückgeht. Die Flußnamen *Rioja* und *Hormaza* bzw. *Hormazuela* (ein Nebenfluß des Arlanzón) erscheinen schon im 11. Jahrhundert ohne F-, obwohl etymologisch RĪ́VŬ FŎ́LĬĂ bzw. FŌRMĀ́CĔĂ zugrunde liegen. Und in einem Dokument vom Jahre 923 heißt es, daß das Gebiet des Klosters Santa Colomba in der *Rioja* sich "usque in oce de Ero" erstrecke, bis zur Mündung des Flusses Ero, wobei *oce* auf lat. FÁUCĔ zurückgeht.

Die Hyperkorrektion, also die Verwendung von F- in Wörtern, die nie auf F- angelautet hatten, ist übrigens in den frühesten Dokumenten eher noch besser belegt als die Aspiration bzw. der Schwund von F-. "Cosa bien natural, porque el purismo ultracorrecto suele manifestarse entre los escribas semi-eruditos antes que el vulgarismo defectuoso de que tratan de huir" (p. 209).

Und wichtig ist natürlich vor allem die geographische Verbreitung dieser sporadisch auftretenden Formen ohne F-: "Todos ellos se agrupan en el extremo norte que se extiende entre el río Porma en el Oriente de León y el río Cinca en Aragón, acumulándose sobre todo en el norte de Castilla y en la Rioja" (p. 213).

6.4.4.5 Das Zeugnis der Toponymie: (ECCLESIA) SANCTI FELICIS usw.

In einem besonders brillanten Abschnitt zeigt dann Menéndez Pidal an einem auf der Halbinsel häufig vorkommenden Ortsnamen, wie sich die Aspiration bzw. der Abfall von anlautendem F- ausgehend von dem Gebiet, in dem sie schon in den frühesten Dokumenten belegt werden können, allmählich ausgedehnt haben muß. Im ganzen christlichen Abendland heißen viele Ortschaften nach den Heiligen, denen die jeweilige Dorfkirche geweiht ist. So gibt es auch auf der Pyrenäenhalbinsel viele Ortschaften, die — nach dem Heiligen Felix benannt — ursprünglich im Akkusativ SǍ́NCTŬ FĒLĪ́CĔ oder im Genitiv SǍ́NCTĪ FĒLĪ́CĬS (zu ergänzen: ĔCCLḖSĬĂ) lauteten. Wenn wir uns nun allmählich den romanisierten Randgebieten des Baskischen nähern, von denen die uns hier interessierende Erscheinung einmal ausgegangen sein muß, so präsentiert sich dieser Ortsname in unterschiedlichen Formen.

In denjenigen Gebieten, die F- bis heute erhalten oder erst sehr spät verloren haben, treffen wir auf Ortschaften, die *San Felices*, *San Feliz*, oder *San Fiz* heißen (die letzte Ortschaft liegt in Galicien, wo, wie in 5.1.3 dargestellt, das intervokalische -L- ausfällt). In allen diesen Ortsnamen kam es nach dem Abfall des unbetonten Endvokals beim Adjektiv zu einer Konsonantengruppe [-ntf-], die dann auf [-ɱf-] reduziert wurde.

Wenn wir uns nun aber dem Ursprungsgebiet des Abfalls von F- weiter nähern, dann treffen wir auf eine zweite Zone, in der anlautend F- zwar zu [h] wurde, aber offenbar erst recht spät, denn hier ist nach der Reduktion von [-ntf-] auf [-ɱf-] zunächst noch eine weitere Reduktion auf nur einen Konsonanten, eben auf [-f-] oder [-h-] eingetreten, bevor dieser Konsonant dann doch noch verstummte. So wurde aus SẮNCTĪ FĒLĪ́CĬS > *Sahelices* und übrigens ganz entsprechend aus SẮNCTĪ FĀCŬ́NDĪ > *Sahagún*.

Und wenn wir nun schließlich in jenes Gebiet vorstoßen, von dem der Wandel seinen Ausgang genommen haben muß, dann treffen wir im Norden der Provinz Burgos und in dem romanischsprachigen Teil der Provinz Vizcaya auf drei Ortschaften, die *Santelices* heißen und uns mit dem erhaltenen [t] zeigen, daß hier das anlautende F- von FĒLĪ́CĬS schon vor dem Endvokal des Adjektivs gefallen sein muß, so daß hier gar keine Veranlassung bestand, [t] als mittleren Laut einer Gruppe von drei Konsonanten ausfallen zu lassen.

6.4.4.6 Baskisches Substrat

Nachdem Menéndez Pidal so mit Hilfe der mittellateinischen Urkunden und der Ortsnamen die am spätesten romanisierten Gebiete der Halbinsel auf ursprünglich baskischem bzw. kantabrischem Boden als Ursprungsgebiet des fraglichen Lautwandels ausgemacht hat, kann ihn auch nichts mehr zurückhalten, diesen Wandel dezidiert dem, wie er sich ausdrückt, "iberischen Substrat" zuzuschreiben. Denn obendrein haben wir es hier wieder einmal mit einem Phänomen zu tun, das jenseits der Pyrenäen im Gascognischen eine Entsprechung findet. Nimmt man das Gebiet der baskischen Sprache dazu, die offenbar über kein bodenständiges F- verfügt und sich den romanischen Lehnwörtern gegenüber, die auf F- beginnen, lange Zeit mit den gleichen *equivalencias acústicas* beholfen hat, die wir aus den romanischen Nachbargebieten kennen (neben [h] belegt Menéndez Pidal für die romanischen Grenzgebiete auch die *equivalencias acústicas* [p] und [b]), dann haben wir auch hier ein großes Gebiet, das rittlings auf den westlichen Pyrenäen und dem östlichen Teil des kantabrischen Gebirges sitzt, mit dem baskischen Sprachgebiet in seiner Mitte. Angesichts dieses zusammenhängenden gascognisch-baskisch und nordspanischen Areals ist es nicht mehr sinnvoll, sich der Evidenz des Substrateinflusses zu verschließen.

6.4.4.7 Verbreitung durch die Reconquista

Aus den ursprünglich kantabrischen und baskischen Gebieten wurde die Aspiration dann im Zuge der Reconquista von dem immer mächtiger werdenden Kastilien nach Süden vorgetragen. Und zwar nach Menéndez Pidals Vorstellungen von Anfang an in zwei Varianten: Auf dem westlichen Flügel als kräftige Aspiration, die sich in Kantabrien und dem östlichsten Zipfel Asturiens, z.T. auch weiter südlich entlang der portugiesischen Grenze und dann vor allem jenseits des Kastilischen Scheidegebirges in der ganzen Estremadura und dem westlichen Andalusien einschließlich Córdoba bis heute erhalten hat. Auf dem östlichen Flügel in Form einer schwachen Aspiration, die sich schon früh ganz verloren hat. So von den romanischsprechenden Teilen der Provinz Vizcaya über die Rioja und Burgos, Madrid und Toledo bis hinab ins östliche Andalusien und nach Murcia.

Aus dem Zentrum des Reiches heraus hat sich die radikalste Variante des Wandels, der restlose Schwund von F-, dann auch nach Westen und Osten verbreitet. Im Westen, im ehemaligen Königreich León, vor allem auf Kosten der Aspiration, im Osten auf Kosten des aragonesischen F-. Aber erst auf der Schwelle zur Neuzeit hat die spanische Hof- und Schriftsprache rasch nacheinander zunächst die Aspiration und dann die radikalste Variante des Wandels akzeptiert. Die Orthographie spiegelt noch heute wie erstmals in den Werken des spanischen Renaissance-philologen Antonio Nebrija das Stadium der Aspiration. Genaueres über den Verlauf der Grenze zwischen Aspiration und totalem Schwund von anlautend lat. F- kann man den beiden folgenden Beiträgen entnehmen: Catalán, Diego + Galmés de Fuentes, Álvaro: *Un límite lingüístico*, in: RDTP 2 (1946), 196-239 und Espinosa, A. M. + Rodríguez Castellano, L.: *Aspiración de la "h" en el Sur y Oeste de España*, in: RFE 23 (1936), 233-254 u. 337-378.

6.4.4.8 Methodische und theoretische Ergebnisse

Die Angelpunkte der von Menéndez Pidal vorgeschlagenen Rekonstruktion und Erklärung der Aspiration bzw. des Schwundes von anlautendem lat. F- lassen sich anhand der folgenden Begriffe zusammenfassen: kantabrisch-baskisches Substrat, *equivalencia acústica*, Koexistenz der alten und der neuen Resultate als dialektale, soziale und stilistische Varianten, Verbreitung der neuen Resultate im Zuge der Reconquista und schließlich schnell nacheinander Aufnahme der beiden neuen Lösungen in die Hof- und Schriftsprache, zuerst der weniger radikalen, dann der radikaleren, wobei die Orthographie noch heute die weniger radikale Lösung spiegelt.

So stützt sich Menéndez Pidals Rekonstruktion und Erklärung dieser Vorgänge im Grunde auf ein paar ganz einfache Erklärungsprinzipien. Dagegen verwendet er für die Beweisführung, daß die Dinge historisch gesehen tatsächlich so abgelaufen sein müssen, Argumente aus den verschiedensten Teildisziplinen der

Sprachwissenschaft, ja sogar Argumente aus anderen Wissenschaften. Bemüht werden neben den romanisch geschriebenen Texten lateinische Urkunden des Mittelalters mit ihren Ausrutschern und Hyperkorrektionen, romanische Lehnwörter im Baskischen, romanische Fluß- und Ortsnamen, Argumente der Sprachgeographie (die nach einer einheitlichen Erklärung für das große gascognisch-baskisch-kastilische Areal verlangt) und Kenntnisse über die Geschichte der Halbinsel (Reconquista) bis hinauf in die vorrömische Zeit (z.B. betreffend die Grenze zwischen Asturern und Kantabrern, auf die ein Ortsname wie *Cofiñal* anspielt, an der sich noch heute F- und [h-] gegenüberstehen).

6.4.4.9 Ralph Penny

Es darf nicht unerwähnt bleiben, daß ein renommierter englischer Hispanist in jüngerer Zeit hinsichtlich des Schicksals von anlautendem lat. F- im Spanischen Ansichten vertritt, die von den hier referierten in wesentlichen Punkten abweichen (vgl. dazu Penny 1972, 1990 und 1993). Es besteht ein gewisser Zusammenhang der Ansichten von Ralph Penny mit den Thesen seines Landsmanns Roger Wright. Wright mißt der Reform der Aussprache des Lateins im Reich Karls des Großen und Jahrhunderte später — unter französischem Einfluß — auf der Pyrenäenhalbinsel einen wichtigen Einfluß auf die Schreibung der jeweiligen romanischen Idiome bei (vgl. Wright 1989).

Wie für den von Menéndez Pidal kritisierten Baskologen A. Luchaire stehen nach Penny die *f*- in den frühen kastilischen Texten nicht für die Aussprache [f]. Nach Penny stehen sie für ein Phonem /φ/, das über die drei Allophone [h], [ʍ] (vor dem Halbkonsonanten [w], z.B. in *fuente* [ˈʍwente]) und [φ] (zuletzt nur noch vor [r], z.B. in *frente* [ˈφrente]) verfügte. Die *h-* in altkastilischen Texten wären nach Penny von deren Schreibern überhaupt nicht ausgesprochen worden. Erst durch den massiven französischen Einfluß wäre im 13. Jahrhundert über Lehnwörter aus dem Französischen und über die neue, aus Frankreich importierte Aussprache des Lateins, nach der u.a. die F- als [f] auszusprechen waren, der Laut [f] im Kastilischen heimisch geworden. Und erst Nebrija, der erkannte, daß H- im Latein einmal für eine Aspiration stand, wäre dazu übergegangen, *h-* systematisch als Graphem für [h] und *f-* nur noch als Graphem für [f] zu verwenden. Es gelingt Penny recht gut, das weitere Schicksal der auf [f] oder [h] anlautenden arabischen und romanischen Lehnwörter im Spanischen mit diesen Annahmen in Einklang zu bringen.

Eine endgültige Bewertung der Ansichten Pennys ist hier nicht möglich. Vielleicht ist es auch noch zu früh für sie. Fürs erste kann man wohl ohne weiteres zugestehen, daß viele mittelalterliche Schreiber in Wörtern, die im Lateinischen auf F- anlauteten, zwar *f-* geschrieben, aber [h] bzw. sogar ganz ohne Konsonant gesprochen haben dürften. Desgleichen dürfte es Schreiber gegeben haben, die *h-* schrieben, ohne irgendeinen Konsonanten zu sprechen. Vielleicht hätte sich auch Menéndez Pidal mit dieser Vorstellung anfreunden können. Gewisse Schwierigkeiten mit den weitergehenden Annahmen Pennys verbieten es aber u.E., Menéndez Pidals Rekonstruktion einfach durch die Pennysche zu ersetzen.

1. Penny rechnet mit einer altlateinischen Aussprache [φ] von F-, die sich im baskisch-romanischen Grenzgebiet erhalten haben soll, als man im übrigen Imperium von der Aussprache [φ] zu

der Aussprache [f] überging. Angesichts der Tatsache, daß keineswegs alle Latinisten mit dieser altlateinischen Aussprache rechnen, scheint es noch immer näher zu liegen, die Aussprache [φ] bzw. [h] gerade mit dem baskischen Substrat in Verbindung zu bringen.

2. In unmittelbarer Nachbarschaft des Kastilischen hat es immer iberoromanische Dialekte gegeben, die F- bewahrt haben. Die Schreiber altspanischer Texte wußten also, daß *f-* auch für [f] stehen konnte. Vermutlich waren [h], [φ], [ʍ] und [f] für sie Varianten. Es spricht auch nichts gegen die Annahme, daß sie selbst bei gewissen Gelegenheiten und oder zumindest in gewissen lautlichen Umgebungen [f] gesprochen haben könnten.

3. Zur Phonologisierung des Unterschieds zwischen [f] und [h] kann es nur im Zuge eines Ausgleichs zwischen Dialekten, Soziolekten oder Stilen gekommen sein, in denen der Fortsetzer von lat. F- in denselben phonischen Kontexten unterschiedlich ausgesprochen wurde. Der Übergang zu der systematischen *h*-Schreibung am Ende des Mittelalters liefert den terminus ante quem für diesen Ausgleich in der Schriftsprache. Wahrscheinlicher als die Annahme, es habe sich dabei um einen Ausgleich zwischen Kastilisch und französisch ausgesprochenem Kastilisch und/oder französisch ausgesprochenem Latein gehandelt, scheint uns nach wie vor die Annahme, daß es sich dabei um einen Ausgleich zwischen kastilischen Varietäten oder zwischen Kastilisch und anderen spanischen Varietäten gehandelt hat.

6.4.4.10 Die Weiterentwicklung von F- und ihre Folgen für die dialektale Gliederung des Spanischen

Für die dialektale Gliederung der Halbinsel bringt diese Entwicklung von anlautendem lat. F- interessante spanische Binnengrenzen (vgl. Karte 5). In Südspanien sehen wir schon zum zweiten Mal (vgl. Abschnitt 3.3.7) das Andalusische in zwei große Hälften geteilt. Die Provinzen Huelva, Cádiz, Sevilla, Córdoba und Málaga sowie der westliche Teil von Granada aspirieren mehrheitlich, und mit ihnen gehen die beiden Provinzen Badajoz und Cáceres, die zusammen die Estremadura bilden. Die Aspiration ist hier in neuerer Zeit meist mit dem aus altspan. [ʃ] und [ʒ] resultierenden [χ] (vgl. 8.4) zusammengefallen. Dagegen ist in Jaén, in Almería und im östlichsten Teil Granadas lat. F- spurlos verschwunden, und mit diesem Teil Andalusiens geht nicht nur das angrenzende Murcia, sondern das ganze übrige Kastilisch. Im Ostleonesischen, also in der Provinz Santander und dem östlichsten Teil der Provinz Asturias, aspiriert die ländliche Bevölkerung noch heute. Im übrigen Leonesischen und im Aragonesischen ist F- erhalten.

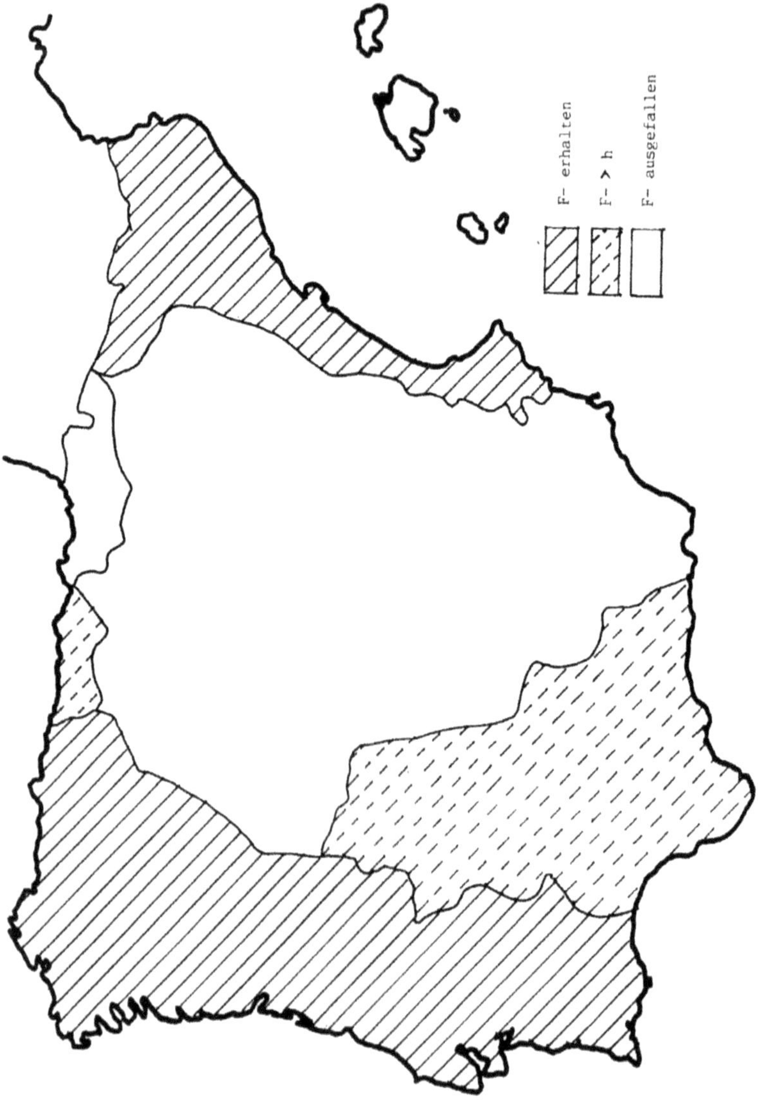

Karte 5: *Moderne Resultate von lat. F-* (nach: R. Menéndez Pidal, *Manual de gramática histórica española,* 13. Aufl. 1968)

Damit verlassen wir diesen Punkt, der in unserem Jahrhundert so viel Staub aufgewirbelt hat, allerdings nicht ganz umsonst, denn Menéndez Pidal hat an diesem Beispiel eine neue Vorstellung vom Lautwandel entwickelt, die diesen wieder anderen Formen des Sprach- und Kulturwandels vergleichbar macht, und er hat damit die positivistische Vorstellung vom Lautwandel als einer biologischen Mutationen vergleichbaren Erscheinung überwunden.

7. Konsonantismus III: Vermehrung der Zischlaute durch Palatalisierungen vor Jot, *e* oder *i*

7.1 Vorbemerkung

Eine andere Lautentwicklung, die wir jetzt noch nachtragen müssen, weil auch sie die lateinischen Konsonanten im Anlaut und in intervokalischer Position betrifft, hat in der ganzen Romania und speziell in der Iberoromania im Vergleich zum Latein, das nur über einen einzigen Zischlaut, nämlich S, verfügte, zu einer erheblichen Vermehrung der Zischlaute geführt.

Unter einem Zischlaut (span. *sibilante*) versteht man einen Laut, bei dessen Hervorbringung die an den Gaumen angelegte Zunge eine rillenförmige Gestalt annimmt. Die Luft entweicht dann durch diese Rille und bringt die Schleimhäute der Zunge zum Schwingen. Dadurch entsteht der akustische Eindruck des Zischlauts.

Das Altspanische verfügt über sieben solcher Zischlaute, nämlich: /ŝ/ [ts], /ś/, /ʃ/, /c/, /ẑ/ [dz], /ź/ und /ʒ/. Später ist es aber in weiten Gebieten der Halbinsel wieder zu einer Verringerung der Anzahl der Zischlaute gekommen. Im Spanischen gibt es z.B. heute deren nur noch zwei, nämlich das als *ch* geschriebene /c/ und ein /s/, das in Nordspanien apiko-alveoloar, d.h. mit der Zungenspitze am Zahndamm artikuliert wird ([ś] bzw. [ź]), während es in Südspanien und in Lateinamerika prädorso-alveolar, d.h. mit dem vorderen Zungenrücken am Zahndamm artikuliert wird ([s] bzw. [z]), etwa so wie bei uns. Wenn man noch berücksichtigt, daß man in einem kleineren Teil Andalusiens, zu dem z.B. die Provinz Cádiz gehört, statt [s] grundsätzlich [θ] spricht (*ceceo*), dann ergibt sich, daß man hier, was die Anzahl der Zischphoneme betrifft, wieder auf den Stand des Lateinischen zurückgefallen ist.

Wie man sieht, mündet die Frage der neuerlichen Verringerung der Anzahl der Zischphoneme in die große Frage des sog. *seseo* und *ceceo* ein. Und auch diese Entwicklung wirft sehr interessante Isoglossen ab, die für die dialektale Gliederung der Halbinsel von großer Wichtigkeit sind. Denn während der *ceceo* auf ein relativ kleines Gebiet innerhalb des Andalusischen beschränkt ist, herrscht der *seseo* nicht nur im größten Teil Andalusiens und in ganz Lateinamerika, sondern auch im gesamten katalanischen und im größten Teil des portugiesischen Sprachgebiets (vgl. Kap. 8 mit Karte 6).

Wie ist es möglich, daß uns die vielen mittelalterlichen Zischlaute mit Ausnahme des /ś/ und des /ź/ bis jetzt noch nicht begegnet sind, obwohl sie vor allem in denjenigen Positionen entstanden sind, mit denen wir uns schon ausführlich beschäftigt haben? Sie sind uns noch nicht begegnet, weil wir bei der Darstellung der Entwicklung der Konsonanten in initialer und intervokalischer Position bislang die Tatsache gar nicht berücksichtigt haben, daß ein Teil der lateinischen Okklusivphoneme sich verschieden entwickelt hat, je nachdem, ob ihnen ein palataler Vokal oder ein zentraler bzw. velarer Vokal folgte. Im ersten der beiden Fälle erfolgte nämlich eine Annäherung des Okklusivlautes an die Artikulationsstelle des nachfolgenden Vokals, also eine Palatalisierung. Eine interessante Rekonstruktion dieser Palatalisierungsvorgänge findet man in den §§ 148 und 149 der *Fonología española* von Emilio Alarcos Llorach. Man sollte aber nicht die erste Ausgabe von 1950 benützen, sondern am besten die 4. von 1971. Gerade der diachronische Teil dieses

Buches ist von Auflage zu Auflage gewachsen.

7.2 Vulgärlateinische Palatalisierungen

Diese Palatalisierungen fanden nach dem Zeugnis der lateinischen Inschriften, der lateinischen Grammatiker und der romanischen Sprachen schon zu römischer Zeit statt, wenn auch in zwei chronologisch deutlich getrennten Schüben. Der erste Schub wurde erst durch eine Entwicklung möglich, die wir ganz am Beginn dieser Vorlesung kennengelernt haben, als vom Wandel in der Natur des lateinischen Akzents die Rede war (vgl. 2.3). Dabei hatten wir festgestellt, daß der Übergang von einem primär musikalischen, also durch die Tonhöhe markierten Wortakzent zu einem primär dynamischen, also durch die Lautstärke markierten Akzent auch zur Folge hat, daß viele Hiatus des klassischen Latein in Diphthonge umgewandelt werden. Dabei verschob sich der Schallfüllegipfel gegebenenfalls auf den jeweils offeneren Vokal des Diphthongs. So muß, wie wir sahen, schon um die Zeitenwende aus der viersilbigen Wortform MŬLĬ́ĔRĔ mit Umwandlung des Hiatus in einen Diphthong und Akzentverschiebung die dreisilbige Form [mulˈjere] geworden sein. Und wo immer ein palataler Vokal zum ersten Element eines steigenden Diphthongs wurde, verwandelte sich dieses palatale Element in ein halbkonsonantisches, explosives [j]. So wurde also z.B. auch aus der dreisilbigen Form HẮBĔĂT eine zweisilbige, in Inschriften belegte Form ABIAT.

Im Laufe der weiteren Entwicklung des Lateins geschah nun zunächst Folgendes. Die dentalen und velaren Okklusivlaute T, C, D und G wurden an die palatale Artikulationsstelle des [j] angenähert und sie verschmolzen mit diesem zu einem Konsonant.

Für diese Palatalisierung gibt es einen ersten Beleg auf einer Inschrift aus dem Jahre 140 nach Christus, wo der Name CRESCENTIANUS CRESCENTSIANUS geschrieben wird. Auf Inschriften aus späteren Jahrhunderten erscheint das für das [j] stehende I zum Teil gar nicht mehr. So liest man z.B. MARSALIS statt MARTIALIS. Bei den labialen Okklusivlauten P und B kam es dagegen im allgemeinen vor [j] nicht zu einer Palatalisierung (eine gewisse Ausnahme bildet die Entwicklung von -[bj]- im Katalanischen). Ganz unangetastet blieben aber auch die Gruppen -[pj]- und -[bj]- nicht. Es kommt bei ihnen oft zur Umstellung (Metathese) oder zum Ausfall des [b]: vgl. lat. CẮPĬĂT > port. *caiba*, span. *quepa*, lat. RŬ́BĔŬ > port. *ruivo*, span. *rubio* und *royo* sowie vulg.lat. RÁBIA > port. *raiva*.

Fügen wir gleich noch hinzu, daß auch der einzige lateinische Zischlaut S auf der Halbinsel durch nachfolgendes [j] palatalisiert wurde. Dabei wurde aus -SS- zunächst überall ein [ʃ] (vgl. vulg.lat *BASSIÁRE > port. *baixar*, altspan. *baxar*, kat. *baixar*, lat. RŬ́SSĔŬ > port. *roxo*, altspan. *roxo*, kat. nicht erhalten), aus -S- dagegen nur im Portugiesischen ein [ʒ] (vgl. lat. BĀSĬẮRĔ > port. *beijar*, lat. CĀ́SĔŬ > port. *queijo*). Das Spanische und das Katalanische haben hier zunächst noch übereinstimmend [ź] (altspan. *besar*, *queso*, kat. *besar*).

Auch lat. L und N wurden durch nachfolgendes [j] palatalisiert, wobei wohl überall auf der Halbinsel zunächst [ʎ] und [ɲ] entstanden. Aus diesem [ʎ] war aber im Kastilischen beim Auftreten der ersten Texte schon ein [ʒ] geworden. Vgl. lat. MŬLĬ́ĔRĔ > port. *mulher*, altspan. *muger*, kat. *muller* und lat. ĂRẮNĔĂ > port. *aranha*, span. *araña*, kat. *aranya*.

Im weiteren Verlauf dieses Kapitels interessieren uns aber nur noch diejenigen Palatalisierungen durch [j], die Zischlaute hervorgebracht haben, wo es bislang keine gab. Das gilt gerade für die Palatalisierung der Plosive T, C, D und G durch [j].

Erst in der Spätzeit des Römischen Reiches kam es dann auch noch zu einer Palatalisierung der velaren Plosive C und G vor den Palatalvokalen *e* und *i* ohne Beteiligung eines [j]. Zunächst dürften vor *i* und *e* nur palatale Varianten (Allophone) der lateinischen Konsonanten C und G aufgetreten sein. Deren Umwandlung in eigene Phoneme bringt man in der Regel mit dem Schwund von halbkonsonantischem [w] in lateinischen Formen des Typs QUI, QUAE, QUIS, QUID, QUINQUE usw. in Verbindung. Nach dem Ausfall dieses halbkonsonantischen [w] stand jetzt im Vulgärlatein nämlich dem alten, palatal ausgesprochenen C vor *e* und *i* ein neues, (noch) nicht palatalisiertes [k] vor *e* und *i* gegenüber.

Wir können uns die Entwicklung anhand eines kleinen Schemas veranschaulichen. In zwei aufeinanderfolgenden Schüben wird eine jeweils unterschiedlich große Gruppe der lateinischen Okklusivphoneme palatalisiert. Kurz nach der Zeitenwende sind es die Konsonanten T, C, D und G unter der Bedingung, daß ihnen ein [j] folgt. Gegen Ende der römischen Periode sind es die Konsonanten K und G unter der Bedingung, daß ihnen *e* oder *i* folgt. Schematisch:

lateinische Plosive

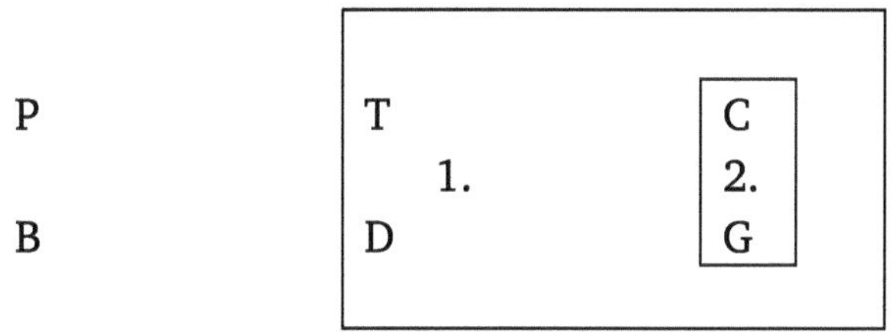

1. Palatalisierung vor [j] ab dem 2. Jahrhundert nach Christus
2. Palatalisierung vor *e* und *i* in spätrömischer Zeit

Für unser Anliegen heißt das, daß wir uns jetzt fragen müssen, was in den einzelnen iberoromanischen Mundarten aus vulg.lat. [tj], [kj], [dj], [gj] sowie aus [k] und [g] vor *i* bzw. *e* geworden ist. Die Entwicklung ist insgesamt so komplex, daß wir uns einige Vereinfachungen erlauben müssen. Wie immer werden wir uns auf die Weiterentwicklung dieser Lautungen in volkstümlich überlieferten Wörtern beschränken. Zusätzlich werden wir uns die Arbeit dadurch erleichtern, daß wir nur die Entwicklung zu den drei iberoromanischen Literatursprachen hin verfolgen. Auch bei dieser Beschränkung werden wir bemerken, daß gelegentlich für ein und dieselbe Lautung in ein und derselben Position in ein und derselben Sprache verschiedene volkstümliche Entwicklungen belegt werden können. Es liegen dann vermutlich ursprünglich dialektale, soziale und/oder stilistische Varianten vor. Schließlich werden wir uns die Arbeit auch noch dadurch erleichtern, daß wir das Schicksal der fraglichen Laute nur in denjenigen Positionen des Wortes verfolgen, in denen sie relativ häufig vorkommen. Und das gilt für die Verbindungen mit [j] nur im Inlaut und für die stimmhaften Verbindungen [dj] und

[gj] auch dort nur in intervokalischer Position.

Betrachten wir jetzt zunächst für die einzelnen Lautungen eine Reihe von lateinischen Wörtern, an denen wir die Entwicklung hin zu den drei iberoromanischen Literatursprachen verfolgen können.

- [tj] finden wir inlautend z.B. in den vulgärlateinischen Fortsetzern von Wörtern mit dem Suffix -Ĭ́TĬĂ, das unter anderem in PĬGRĬ́TĬĂ, IŪSTĬ́TĬĂ, TRĪSĬ́TĬĂ vorkommt. Es stehen uns aber auch die Substantive mit dem fix -TĬṒNĔ zur Verfügung, zu denen z.B. RĂTĬṒNĔ und SĂTĬṒNĔ gehören. Andere lateinische Wörter, die fast überall auf der Halbinsel weiterleben und in deren vulgärlateinischen Fortsetzern [tj] vorkommt, sind z.B. PŬ́TĔŬ, PRĔ́TĬŬ, *PRETIARE, *ACUTIARE. Nach Konsonant kommt [tj] z.B. in den vulgärlateinischen Fortsetzern von *FÓRTIA, *CAPITIÁRE, TĔ́RTĬŬ bzw. *TERTIÁRIU, *ALTIÁRE und MẮRTĬŬ vor.

- [kj] finden wir in intervokalischer Position, z.B. in den vulgärlateinischen Fortsetzern von *ACIÁRIU, MĬNĀ́CĬĂ, *CORTÍCIA, FẮCĬŎ und (H)ĔRĪ́CĬŬ. Nach Konsonant finden wir diesen Nexus in den vulgärlateinischen Fortsetzern von LẮNCĔĂ und CẮLCĔĂ bzw. CĂLCĔĀ́RĔ.

- [dj] und [gj] kommen, wie gesagt, nur zwischen Vokalen häufig vor. [dj] z.B. in den vulgärlateinischen Fortsetzern von PŎ́DĬŬ, FĂSTĪ́DĬŬ, SĔ́DĔĂT, VĬ́DĔŌ, RẮDĬŬ bzw. *RÁDIA und RADIÁRE sowie in den vulgärlateinischen Fortsetzern aller Verben auf -ĬDĬĀ́RĔ. [gj] in den vulgärlateinischen Fortsetzern von ĔXẮGĬŬ und *EXAGIÁRE, FĀ́GĔĂ bzw. FĀ́GĔŬ und CŎRRĬ́GĬĂ.

- [ke], [ki] bzw. [ge], [gi] kommen sowohl im absoluten Anlaut wie auch inlautend nach Konsonant oder Vokal häufig vor. Intervokalisch finden wir [k] vor *e* oder *i* z.B. in VĪCĪ́NŬ, DĪ́CĬT, PLĂCḖRĔ, FẮCĔRĔ, *COCÍNA. Nach Konsonant z.B. in VĬ́NCĔRĔ und DŬ́LCĔ. Im absoluten Anlaut in CĔ́NTŬ, CÁECŬ, CĔ́RVŬ und *CIRCÁRE. Nach Vokal kommt [g] im Inlaut in folgenden Wörtern vor *e* oder *i* vor: FRĪ́GĬDŬ, DĬ́GĬTŬ, MẮGĬSTRŬ, VĪGĬ́NTĪ, SĂGĬ́TTĂ, VĀGĪ́NĀ, CŌGĬTĀ́RĔ, RḖGĔ, LḖGĔ. Nach Konsonant finden wir diesen Laut in SPẮRGĔRĔ, ĂRGĪ́LLĂ, GĬNGĪ́VĂ, *SINGÉLLU und Ŭ́NGĔRĔ. Und schließlich im Anlaut in GĔ́MMĂ, GÝPSŬ, GĔ́NĔRŬ, GĔRMĀ́NŬ, GĔNŬ́CŬLŬ, GĔNḖSTĂ, GĔLĀ́RĔ und wiederum in GĬNGĪ́VĂ.

7.3 Resultate

7.3.1 Spanisch

Zunächst zum Spanischen. Hier liegen die Dinge relativ einfach. Verfolgen wir die Entwicklung zunächst bis zum Altspanischen. Anders als im Italienischen, wo [tj] und [kj] hinsichtlich der Artikulationsstelle unterschiedliche Wege gehen (vgl. einerseits *tristezza*, andererseits *minaccia*), sind [tj] und [kj] auf der Pyrenäenhalbinsel in einer dentalen Affrikate zusammengefallen, die nach Konsonant stimmlos [ts] und nach Vokal stimmhaft [dz] war. Der stimmlose und der stimmhafte Laut wurden auch verschieden geschrieben. Es heißt also altspanisch *março*, *caçar*, *tercero*, *fuerça*, jeweils mit zugrundeliegendem [tj], und genauso *lança* und *calça* mit zugrundeliegendem [kj]. Auf der anderen Seite finden wir für die intervokalische Position *pereza*, *justeza*, *pozo, tristeza, aguzar, razon, sazon, maleza* mit zugrundeliegendem [tj] und genauso *amenaza, azero, corteza, erizo, fornazo* mit zugrundeliegendem [kj]. Genau dasselbe finden wir dann noch einmal für [k] vor *e* und *i*. Also nach Konsonant stimmlos wie in altspan. *vencer* und *dulce* und intervokalisch stimmhaft wie in altspan. *vezino, dize, plazer, fazer*. [k] vor *e* und *i* im Anlaut verhält sich genauso wie nach Konsonant. Es heißt also altspan.: *ciento, ciego, cercar, ciervo*.

Auch mit der Entwicklung von [dj], [gj] und von [g] vor *e* und *i* in intervokalischer Position sind wir schnell fertig. Denn alle diese Laute entwickeln sich genauso, als ob wir es überhaupt nur mit einem konsonantischen [j] zu tun hätten. Und dieses [j] bleibt in der Nachbarschaft von *a, o* und *u* bis heute erhalten, während es schwindet, wenn ein *e* oder *i* vorausgeht oder folgt (was also für das [j] aus [g] vor *e* und *i* generell gilt). Zunächst ein paar Beispiele für die Erhaltung in der Nachbarschaft von *a*, *o* und *u*: hier haben wir *cuyo* mit zugrundeliegendem [j], *poyo* und *raya* mit zugrundeliegendem [dj] sowie *ensayo* und *haya* "Buche" mit zugrundeliegendem [gj]. Und nun eine Reihe von Beispielen für den Ausfall des [j]: hier haben wir *hastío, sea, veo* und alle Verben auf *-ear* mit zugrundeliegendem [dj]. Und wir haben *correa* mit zugrundeliegendem [gj] sowie *frio, veinte, dedo, maestro, saeta, vaina, cuidar, rey* und *ley* mit zugrundeliegendem [g] vor *e* oder *i*. (Das *y* in *rey* und *ley* setzt nicht das -G-, sondern den zweiten Vokal von RḖGĔ und LḖGĔ fort.)

Überraschende Resultate zeigt das Kastilische dann eigentlich nur für [g] vor *e* und *i* im absoluten Anlaut und im Inlaut nach Konsonant. Im absoluten Anlaut fiel auch dieses [g] vor *e* oder *i* zunächst mit dem konsonantischen [j] im Anlaut zusammen.

Aber das Resultat dieses Zusammenfalls hat sich je nach phonetischer Umgebung verschieden weiterentwickelt. Vor *o* und *u* finden wir im Altspanischen ein [ʒ], z.B. in *junto, jurar* usw. Ansonsten finden wir nach wie vor das konsonantische [j], wenn die Anlautsilbe betont ist, wie in *yesso*. Dagegen verschwindet das [j] spurlos, wenn diese Silbe nicht betont ist. So in altspan. *ermano, inojo, iniesta, elar, enzia*. Merkwürdig ist schließlich, daß aus [g] vor *e* und *i* in den seltenen Fällen, in denen im Inlaut ein Konsonant vorausgeht, meist [dz] entsteht. So in altspan. *esparzer, arzilla, enzia, senzillo, unzir*.

7.3.2 Galicisch-Portugiesisch

Hier nun die wichtigsten Punkte, in denen das Portugiesische (und mit ihm meist das Galicische) von dem für das Altspanische gezeichneten Bild abweicht. Auch hier fallen [tj] und [kj] zusammen. Aber überraschenderweise kam es in intervokalischer Position im Portugiesischen in der Regel nicht zu einer Sonorisierung des Resultates dieses Zusammenfalls (vgl. mod.port. *cabeça, preço, poço, aguçar* mit zugrundeliegendem [tj] und *aceiro, cortiça, ouriço, faço, ameaça* mit zugrundeliegendem [kj]). Man erklärt dieses Ausbleiben der Sonorisierung im allgemeinen mit der Annahme, aus dem Nexus [tj] bzw. [kj] sei zunächst nicht ein einfacher, sondern ein doppelter palatalisierter Konsonant entstanden. Dieser sei dann wieder reduziert, aber nicht mehr sonorisiert worden. Freilich erklärt man so zwar die portugiesischen Formen, dafür läßt man jetzt die altspanischen unerklärt. Man muß also annehmen, daß die Doppelkonsonanten in der Vorstufe des Kastilischen entweder gar nicht erst entstanden oder schneller wieder reduziert wurden als im Rest der Halbinsel. Was das Schicksal von [k] vor *e* und *i* betrifft, gibt es dagegen keine wesentlichen Unterschiede zwischen dem Portugiesischen und dem Altspanischen. Dem altspanischen *ciervo* entspricht ein portugiesisches *cervo*, dem altspan. *vencer* ein port. *vencer* und dem altspan. *vezino* ein port. *vizinho*. Sowohl im Spanischen wie im Portugiesischen wurden aus den alten [ts] bzw. [dz] später einfache [s] bzw. [z], die sich im Portugiesischen bis heute erhalten haben.

Dagegen finden wir bei dem Schicksal von [dj], [gj] und von [g] vor *e* und *i* wieder interessante Abweichungen des Portugiesischen vom Altspanischen. Es treten zwar wieder dieselben Fortsetzer dieser mit dem konsonantischen [j] zusammengefallenen Lautungen auf wie im Altspanischen, also [ʒ], [j] und Null, aber in anderer Verteilung. Der Ausfall des Lautes kommt nur im Inlaut in der Nachbarschaft von *e* und *i* vor, wo wir ihn auch im Kastilischen fanden. So z.B. in *fastio* mit zugrundeliegendem [dj] oder in *frio*, *vinte*, *dedo*, *rainha*, *cuidar*, *rei* und *lei* mit zugrundeliegendem [g] vor *e* bzw. *i*. Wir finden aber das konsonantische [j] nicht nur in *raio* aus RĀ́DĬŬ und *faio* aus FĀ́GĔŬ, sondern auch in *meio* aus MḖDĬŬ und in *correia* aus CŎRRĪ́GĬĂ erhalten — trotz vorausgehendem Palatalvokal. Mehr noch: im Anlaut erscheint als Fortsetzer von [g] vor *e* und *i* grundsätzlich [ʒ]. So in *genro*, *gelar*, *gente*, *gesso* usw., ganz unabhängig davon, ob die erste Silbe den Ton trägt oder nicht. Und der gleiche Laut [ʒ] tritt trotz *meio* und *raio* auch ziemlich regelmäßig als Nachfolger von intervokalischem [(d)j] auf. Vgl. *cujo*, *seja*, *vejo*, *hoje* und die portugiesischen Verben auf *-ejar* wie *festejar*, *formiguejar*, *pestanejar* usw. neben denen freilich auch solche auf *-ear* stehen (vgl. z.B. *balancear*, *bambolear*, *pestanear*, *passear*).

7.3.3 Katalanisch

Werfen wir jetzt noch einen Blick auf das Katalanische. Hier liegen die Dinge überaus kompliziert, sogar dann, wenn man von den vielen Abweichungen von Dialekt zu Dialekt absieht und sich auf den ostkatalanischen Standard beschränkt. Insgesamt geht das Katalanische mehr mit dem Portugiesischen als mit dem Spanischen, und es untermauert dadurch einmal mehr das Bild von der relativen sprachlichen Homogenität der Halbinsel vor der kastilischen Expansion. Diese Übereinstimmung mit dem Portugiesischen zeigt sich zunächst einmal darin, daß auch im Katalanischen der Fortsetzer von [kj] in intervokalischer Position meist stimmlos ist. So z.B. in den katalanischen Wörtern *acer* und *amenaçar*. Noch häufiger als im Portugiesischen erscheint im Katalanischen als Fortsetzer für [dj], [gj] und für [g] vor *e* und *i* ein [ʒ]. Zwar gibt es auch hier den Ausfall des entsprechenden Lautes in unmittelbarer Nachbarschaft eines palatalen Vokals, etwa in *cuidar* und *mestre*, aber im absoluten Anlaut heißt es immer [ʒ] (vgl. kat. *gendre*, *gent*). Und auch inlautend finden wir [(d)ʒ] dort, wo im Portugiesischen nur [j] erscheint. Z.B. in *rajar* und *corretja*.

Das Katalanische tanzt dann aber vor allem durch zweierlei kombinatorische Lautwandel aus der Reihe, die im Rest der Halbinsel keinerlei Entsprechung finden. Dort, wo der im Katalanischen übrigens häufig noch heute affrizierte stimmhafte Palatalkonsonant [dʒ] in den absoluten Auslaut tritt, wird aus ihm nämlich der stimmlose Affrikat [tʃ]. Mit diesem Laut sind also *raig*, *mig*, *faig*, *assaig* usw. zu sprechen. Wegen der radikalen Reduktion des Auslautvokalismus im Katalanischen (vgl. 3.3.4) tritt diese Auslautverhärtung des Palatalkonsonanten recht häufig auf. Der zweite Punkt, in dem sich das Katalanische ganz weit von den anderen iberoromanischen Sprachen entfernt hat, betrifft den spurlosen Ausfall von [dz] bwz. [ts] unter bestimmten Bedingungen. Aus lat. RĂTĬṒNĔ, SĂTĬṒNĔ, PRḖTĬŬ, PŪ́TĔŬ, VĪ́CĪNŬ, CŎNDŪ́CĔRĔ, *COCINA, *DICENT, sind im Katalanischen letztlich *raó*, *saó*, *preu*, *pou*, *veí*, *conduir*, *cuina*, *diuen* entstanden. Wie man sieht, ist die ursprünglich intervokalische Position eine conditio sine qua non für diese Entwicklung. Es würde aber hier zu weit führen, die Bedingungen, unter denen dieser Ausfall eintritt, genau anzugeben.

7.4 Andere Quellen für Zischlaute

Die erstaunliche Vermehrung der Zischphoneme auf dem Weg vom Latein zu den romanischen und speziell den iberoromanischen Mundarten geht also in erster Linie auf das Konto der eben beschriebenen Palatalisierungsvorgänge. Diese haben in den drei iberoromanischen Literatursprachen zwar nicht immer genau zu denselben, aber doch zu weitgehend analogen Resultaten geführt. Und bei diesen Resultaten handelt es sich — wenn der palatalisierte Konsonant nicht ganz verschwindet oder einfach ein konsonantisches [j] ergibt — immer um Zischlaute. Für eine relativ frühe Phase der Entwicklung können wir so für die gesamte Halbinsel mit einem System von Zischphonemen rechnen, wie wir es vom Altspanischen her kennen.

Im Altspanischen gab es, wie in 7.1 erwähnt, insgesamt sieben Zischphoneme. Sechs davon bildeten ein kohärentes System, dessen Elemente sich nach stimmhaft und stimmlos unterschieden und auf drei Artikulationsstellen verteilten:

/(t)s/	/ś/	/ʃ/
/(d)z/	/ź/	/(d)ʒ/

Das einzige Phonem in diesem System, über dessen Entstehung wir bis jetzt noch wenig erfahren haben, ist /ʃ/. Auch dieser Laut ist das Resultat von Palatalisierungsvorgängen, die aber nicht bei einfachen, sondern bei doppelten Konsonanten bzw. bei Konsonantengruppen ansetzen.

Im Altspanischen hat dieses /ʃ/ vor allem zwei Wurzeln. Es entsteht, wie in 7.2 schon erwähnt, einerseits dort, wo auf lateinisches -SS- nach der Umbildung der Hiatus in Diphthonge der uns schon vertraute explosive Halbkonsonant [j] folgte. Das war z.B. in dem vulgärlateinischen Verb *BASSIÁRE "nach unten gehen" bzw. "nach unten bringen" der Fall, das von vulg.lat. BÁSSUS "tief" abgeleitet worden war. Aus diesem *BASSIÁRE entstand altspan. *baxar* und mod.span. *bajar*. Die zweite Quelle für altspanisches /ʃ/ ist die Konsonantenverbindung [ks], für die bekanntlich schon die Römer das Zeichen X verwendeten. Aus dieser Verbindung wurde zunächst [i̯s], und damit war auch hier ein palatales Element entstanden, wenn auch nicht ein explosives, sondern ein implosives. Dieses wurde zum Ausgangspunkt für die Umwandlung des [s] in ein palatales [ʃ]. Auf diesem Weg wurde z.B. aus dem lateinischen Verb LĂXĀ́RĔ "schlaff machen, lockern, lösen" zu dem Adjektiv LẮXŬ "schlaff, lose, locker" altspan. *lexar* (später *dexar*) und mod.span. *dejar*. Daß bei dieser Entwicklung wirklich ein palataler Halbvokal [i̯] im Spiel war, läßt sich anhand des Portugiesischen und Katalanischen zeigen. Denn dort heißt das entsprechende Verb heute noch *deixar*. Auch kann uns nur das implosive [i̯] erklären, warum in allen drei Sprachen an Stelle des lateinischen Stammvokals A ein *e* erscheint. Die Entwicklung war eben, was den Vokalismus betrifft, genau dieselbe wie in dem lateinischen Suffix -ĀRĬŬ, das über *-airo* und (im Portugiesischen noch erhaltenem, vgl. 3.2.3) *-eiro* zu kast. *-ero* und kat. *-er* wurde.

In den nicht kastilischen Mundarten gibt es für unser Phonem /ʃ/ noch eine dritte Quelle. Nämlich die Konsonantenverbindung SC [sk] in intervokalischer Position vor *e* oder *i*. So ist aus lat. PĬSCĔ "der Fisch" port. *peixe* und kat. *peix* geworden. Offenbar wurde hier die Konsonantengruppe zunächst umgestellt und fortan so wie [ks] behandelt. Sowohl im Portugiesischen wie im Katalanischen hat sich, wie man sieht, das implosive [i̯], das die Palatalisierung ausgelöst hat, erhalten.

Bleibt nur noch zu erwähnen, daß auch das Phonem /ʒ/ im Kastilischen neben den Quellen, die wir schon kennengelernt haben, noch eine andere Quelle hat. Es entsteht hier auch aus intervokalisch [lj] und aus den durch den Ausfall eines unbetonten Vokals zustandegekommenen intervokalischen Gruppen [kˈl], in die auch intervokalisches [tˈl] überführt wurde, und [gˈl]. Man vergleiche für diese Entwicklungen lat. MŬLĬĔRĔ > altspan. *muger*, lat. FĒNŬCˈLŬ "der Fenchel" > altspan. *finojo* und lat. VĔTˈLŬ > altspan. *viejo*. Auch hier liegt nicht nur im ersten, sondern in allen Fällen eine Palatalisierung vor. Denn so wie aus [ks] zunächst einmal [i̯s] wurde, so wurde aus [kˈl], dem sich auch [tˈl] angeschlossen hatte, und aus [gˈl] zunächst einmal [i̯l]. Übrigens haben ja auch die anderen iberoromanischen Sprachen in diesen Fällen palatalisiert. Nur verwandelten sie diese [lj] bzw. [i̯l] in das palatale [ʎ]. Mit seinem [ʒ] als Fortsetzer von [lj] bzw. [i̯l] tanzt das Kastilische im Rahmen der iberoromanischen Mundarten einmal mehr ganz gehörig aus der Reihe.

Für die Entwicklung von lat. PL-, FL-, CL-, die im Westen der Halbinsel ebenfalls zur Entstehung von Zischlauten führt, vgl. 9.1.

8. Konsonantismus IV: Verminderung der Zischlaute: *seseo*

8.1 Was ist der *seseo*?

Von dem in 7.4 vorgestellten, aus sechs Phonemen bestehenden altspanischen und ursprünglich gesamthispanischen System der Zischphoneme muß man ausgehen, wenn man die modernen Phänomene des *seseo* und *ceceo* verstehen will. Entscheidend ist dabei die Tatsache, daß sich in diesem System nach der Umwandlung der Affrikaten in Frikative zwei prädorsale und zwei apikale *s*-Laute einander gegenüberstanden, die sich also für das Gehör nur minimal voneinander unterschieden. Was man *seseo* nennt ist nun zunächst nichts anderes als die Aufgabe dieses minimalen Unterschiedes. Und diese Aufgabe beobachtet man auf der Halbinsel im gesamten katalanischen Sprachgebiet, im größten Teil von Andalusien (Westandalusien), im Zentral- und Südportugiesischen sowie im äußersten Westen des nördlichen Portugal und Galiciens. Für die kastilischen Mundarten, die zum *seseo* übergingen, bedeutete dies z.B., daß die intervokalischen Konsonanten in *caça* "Jagd" und *massa* "Masse" sowie diejenigen in *fazer* "tun" und *casa* "Haus" fortan gleich ausgesprochen wurden. Wenn man im allgemeinen nur an das Spanische denkt, wenn von *seseo* die Rede ist, so einfach deshalb, weil der *seseo* in Spanien eine dialektale Besonderheit einer bestimmten Region ist, während er das Katalanische in seiner Gesamtheit charakterisiert und die Situation im Portugiesischen gerade umgekehrt ist wie im Spanischen. Hier gehört der *seseo* zum Standard, und es gilt als dialektale Besonderheit des äußersten Nordens, daß dort noch zwischen den prädorsalen und den apikalen *s*-Lauten unterschieden wird.

8.2 Prädorsale und apikale Variante

Phonetisch gesehen sind auf der Halbinsel zwei verschiedene Ausprägungen des *seseo* zu unterscheiden. Wenn der Unterschied zwischen den prädorsalen und den apikalen *s*-Lauten aufgegeben wird, so kann dies ja entweder in der Form geschehen, daß die apikalen zu den prädorsalen überlaufen, oder in der Form, daß die prädorsalen zu den apikalen überlaufen. Das erste geschah im Süden von Portugal, in den großen Städten des portugiesischen Nordens und in Andalusien, das zweite in den ländlichen Gegenden des portugiesischen Zentrums und Nordens sowie im gesamten katalanischen Sprachgebiet. Deshalb bezeichneten die spanischen Schriftsteller des Siglo de Oro die andalusische Erscheinung als *çeçeo*, die katalanische dagegen als *seseo*. Für sie stand ja auch der Buchstabe *c* vor *e* und *i* für einen *s*-Laut, aber eben nicht für das typisch spanische apikale [ś], sondern für das aus [ts] entstandene prädorsale [s].

8.3 Verlust der Stimmhaftigkeit

Nachdem es so im ganzen Osten, Süden und Westen der Halbinsel durch die Aufgabe des Unterschieds zwischen prädorsalen und apikalen *s*-Lauten zu einer ersten Vereinfachung des Systems der Zischphoneme gekommen war, breitete sich von Norden herkommend eine andere Vereinfachung aus. Sie bestand in der Aufgabe der Stimmhaftigkeit als eines unterscheidenden Zuges im Bereich der Zischphoneme. Diese Neuerung konnte sich schließlich im ganzen spanischen Sprachgebiet und im Galicischen durchsetzen. In diesem ganzen Gebiet existieren stimmhafte Zischlaute seither nur noch als kombinatorische Varianten der stimmlosen Zischphoneme. Für die spanischen Mundarten bedeutete dies, daß fortan sowohl der intervokalische Konsonant in *caça* "Jagd" als auch der in *fazer* "tun" [s] und sowohl der intervokalische Konsonant in *massa* "Masse" als auch der in *casa* "Haus" [ś] ausgesprochen wurden. Für die spanischen Mundarten, die schon zum *seseo* übergegangen waren, bedeutete es, daß der intervokalische Konsonant aller vier Wörter fortan einheitlich [s] ausgesprochen wurde.

8.4 Dissimilierung

Nach der Aufgabe der Stimmhaftigkeit als unterscheidendem Zug war das sechsgliedrige System der Zischphoneme in denjenigen Mundarten, die den Unterschied zwischen prädorsalen und apikalen *s*-Lauten aufgegeben hatten, auf zwei geschrumpft: /s/ und /ʃ/ bzw. /ś/ und /ʃ/. In denjenigen Mundarten, die nach wie vor zwischen prädorsal und apikal unterschieden, standen jetzt drei Zischphoneme nebeneinander: /s/, /ś/ und /ʃ/. Dieses Nebeneinander wurde offenbar auch hier oft als problematisch empfunden. Aber statt zumindest auf einen dieser Unterschiede ganz zu verzichten, griff man im nördlichen Kastilisch zur gegenteiligen Lösung und vergrößerte die Unterschiede, indem man den vorderen Laut noch weiter nach vorne und den hinteren noch weiter nach hinten verschob. Der mittlere Laut blieb dabei unverrückt. So kommt man von den drei stimmlosen Zischphonemen zu den drei Phonemen /θ/, /ś/ und /χ/ des modernen nordkastilischen Standards, von denen nurmehr das mittlere ein Zischphonem ist (*caza* und *hacer* mit [θ], *masa* und *casa* mit [ś], *dejar* und *coger* mit [χ]). Dabei beteiligten sich das Leonesische und das Galicische aber nur an dem Übergang von /s/ zu /θ/. Dieses /θ/ hat, wie in 8.1 bereits angedeutet, den äußersten Westen Galiciens nicht mehr erreicht, wo die beiden *s*-Laute schon zusammengefallen waren.

8.5 Interdentale Variante: *ceceo*

Diese Dissimilierung wird nun auch für die Erklärung des auf Teile des Andalusischen beschränkten *ceceos* wichtig. Wir können dabei etwas anwenden, was wir anläßlich der Ausführungen von Menéndez Pidal zum Schicksal von anlautendem lat. F- gelernt haben. Im westlichen Andalusien konnte sich der *seseo* nicht gleichzeitig an allen Orten, in allen Schichten und in allen Sprachstilen durchsetzen. Die Gebildeteren bemühten sich wohl zumindest bei offiziellen Gelegenheiten längere Zeit noch um eine Unterscheidung der beiden *s*-Laute, eine Unterscheidung, die das einfache Volk und vielleicht auch sie selbst in familiärer Rede längst aufgegeben hatten. Deshalb gab es zumindest in bestimmten Schichten und in bestimmten Stilen auch im westlichen Andalusien noch ein Interesse an der dissimilatorischen Lösung, die man im übrigen spanischen Sprachgebiet adoptiert hatte. Im Jahre 1584 empfiehlt ein aus Córdoba gebürtiger Lehrer in Sevilla mit Namen Juan Sánchez geradezu, das alte Phonem /s/ als [θ] auszusprechen. Für ihn war es wohl die einzige Möglichkeit, die alten *s*-Laute getrennt zu halten, denn er sprach offenbar selbst das ehemalig apikale Phonem /ś/ längst als [s] aus. Jeder Andalusier, der diesen Wandel /s/ zu /θ/ auch in einen Sprachstil übernahm, in dem gar nicht mehr unterschieden wurde, ging damit vom *seseo* zum *ceceo* über.

Der *ceceo* setzt somit einen älteren *seseo* voraus und er entstand wohl gerade dort, wo die dissimilatorische Lösung, die sich im nordkastilischen Standard durchgesetzt hat, vor der vollständigen Durchsetzung des *seseos* zu diesem in Konkurrenz trat. Dies paßt zu der Tatsache, daß es in Portugal nirgends zu einem interdentalen *ceceo* gekommen ist. Es paßt auch zu der geographischen Verteilung des *ceceo*, der deutlich im Gebiet des *seseos* entstanden ist und den älteren *seseo* in Randgebiete abgedrängt hat.

8.6 Geographische Verbreitung der drei Varianten des *seseo*

Die Karte 6 zeigt im Überblick die Zonen, in denen heute auf der Halbinsel *seseo* (in seiner prädorsalen bzw. apikalen Variante) oder *ceceo* herrscht. Für den genaueren Verlauf der Grenzen in Andalusien kann man auf eine Karte verweisen, die einerseits im Kapitel 15 der *Historia de la lengua española* von Rafael Lapesa und andererseits in der *Dialectología española* von Alonso Zamora Vicente (Madrid: Gredos [2]1970, dort zwischen den Seiten 308 und 309) abgedruckt ist. Sie fußt auf dem *La frontera del andaluz* betitelten Beitrag von T. Navarro Tomás, A. N. Espinosa und L. Rodríguez-Castellano in der RFE 20 (1933), 225-277. *Sobre el seseo y ceceo andaluces* informieren weiterhin ein so betitelter Beitrag Rafael Lapesas, der erstmals 1957 erschienen ist und jetzt als Kapitel XIV der *Estudios de historia lingüística española* desselben Autors neu gedruckt vorliegt (Madrid: Paranimfo 1985), sowie ein Aufsatz von Diego Catalán mit dem Titel *El çeçeo — zezeo al comenzar la expansión atlántica de Castilla*, im *Boletim de filologia* (1956/1957), 306-334.

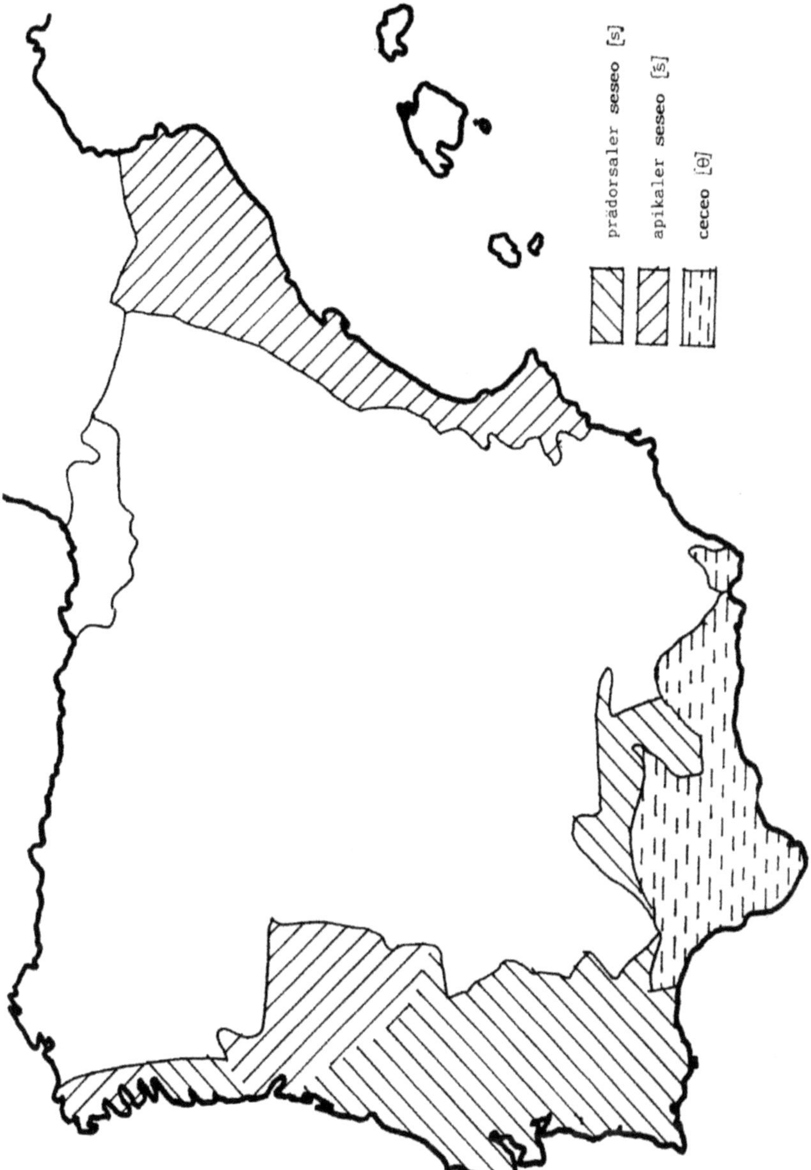

Karte 6: *seseo und ceceo*

9. Konsonantismus V: Konsonantengruppen

9.1 Lateinische Konsonantengruppen im Anlaut

In den Kapiteln 6 bis 8 haben wir die weiteren Entwicklungen nachgetragen, die, ohne noch irgendwie direkt im Zusammenhang mit der Reduktion der Doppelkonsonanten zu stehen, die Resultate der ursprünglich doppelten und einfachen Konsonanten in intervokalischer bzw. initialer Position betreffen. Für den Rest der Vorlesung folgen wir dem üblichen Aufbau der historischen Grammatiken, die in den Kapiteln zum Konsonantismus sozusagen dem Wort entlangzugehen pflegen, indem sie der Reihe nach das Schicksal der Konsonanten am Wortanlaut, im Wortinnern und schließlich am Wortende behandeln. Da wir die Entwicklung der einzelnen Konsonanten am Wortanlaut und diejenige der einfachen bzw. doppelten Konsonanten in intervokalischer Position schon behandelt haben, bleibt uns also nur noch die Darstellung der folgenden Entwicklungen: Konsonantengruppen am Wortanlaut (9.1), Konsonantengruppen im Inlaut (lateinische: 9.2.1, romanische: 9.2.2) und Konsonanten(gruppen) im Auslaut (10.).

Wenn man von mehr oder weniger sporadischen oder nicht ganz volkstümlichen Entwicklungen sowie von der schon unter 2.4 behandelten Gruppe S + Konsonant (sog. *s*-impurum) absieht, dann verbleibt im Bereich der anlautenden Konsonantengruppen vor allem eine Entwicklung mit wichtigen Konsequenzen für die dialektale Gliederung der Halbinsel. Sie erfaßt drei analog gebaute Konsonantengruppen, nämlich die Gruppen PL-, FL- und CL-. Die erste Gruppe finden wir z.B. im Anlaut von lat. PLĀ́GĂ, PLẮNTĂ, PLĂNTĀ́GĬNĔ, PLĀ́NŬ, PLḖNŬ, PLĬCĀ́RĔ, PLŌRĀ́RĔ und PLŬ́VĬA. Die zweite Gruppe in lat. FLẮMMĂ und

FLĂGRÁRĔ. Und die dritte in lat. CLĀMÁRĔ und CLÁVĔ. Auch bei den jetzt interessierenden Entwicklungen spricht man von 'Palatalisierung'. Aber dieser Begriff ist hier anders gemeint als bei denjenigen 'Palatalisierungen', von denen schon die Rede war. Denn jetzt werden die fraglichen Entwicklungen nach dem Resultat so genannt. D.h., es entstehen palatale Laute. In jenen anderen Fällen, die wir schon behandelt haben, nannte man die Erscheinung deswegen 'Palatalisierung', weil sie in der Annäherung eines Konsonanten an die Artikulationsstelle eines benachbarten palatalen Vokals bestand. Der resultierende Konsonant konnte ein palataler Konsonant sein, das mußte aber nicht so sein. So haben wir z.B. aus lat. T und C vor den palatalen Vokalen [j], *e* und *i* auf der Halbinsel die Laute [ts] und [dz] entstehen sehen. [ts] und [dz] selbst sind aber nicht palatale, sondern alveolare Laute.

Zurück zum Schicksal von lat. PL-, FL- und CL-. Insofern diese Gruppen auf der Halbinsel schon in alter Zeit eine volkstümliche Weiterentwicklung erfahren haben, entstanden in der Tat Palatalkonsonanten. Ganz allgemein kann man sagen, daß sich diese Gruppen im Osten gut erhalten haben, während sie desto radikaler modifiziert wurden, je weiter man nach Westen geht. Dabei kann man sich vorstellen, daß die verschiedenen Lösungen, auf die man auf diesem Weg von Ost nach West trifft, verschiedenen Stadien entsprechen, die die westlichsten Mundarten der Reihe nach durchlaufen haben. Es ist aber nicht ganz sicher, daß die westlichsten Mundarten wirklich durch alle diese Stufen hindurchgegangen sind. Sie könnten auch auf direkterem Weg zu den Resultaten gekommen sein, die wir heute hier vorfinden. Treten wir also diesen Marsch von Ost nach West einfach an, ohne uns allzu sehr darum zu kümmern, ob die Lösungen, auf die wir dabei treffen, älteren Stufen der westlichsten Mundarten entsprechen oder nicht.

Im äußersten Osten sind die drei fraglichen Gruppen fast im ganzen katalanischen Sprachgebiet erhalten. Aus lat. PLḖNŬ wird kat. *ple*, aus lat. FLĀ́MMĂ wird kat. *flama*, und aus lat. CLĀ́VĔ wird kat. *clau*. Nur dort, wo das katalanische Sprachgebiet im Nordwesten an das Aragonesische grenzt, also in den Gebieten Pallars, Ribagorza und Litera, wird das *l* nach anlautendem [p], [f] und [k] als palatales [ʎ] gesprochen. Dort heißt es also z.B. [ˈpʎe], [ˈfʎama] und [ˈkʎau̯] Im angrenzenden Aragonesischen sind unsere Konsonantengruppen dann wieder in aller Regel erhalten, obwohl ältere Urkunden darauf hinzuweisen scheinen, daß auch hier früher palatalisiert wurde.

Die kastilische Lösung, die man auch noch im größten Teil des Leonesischen findet, präsentiert sich als denkbare Weiterentwicklung der Zustände, die wir eben im Nordwesten des katalanischen Sprachgebiets angetroffen haben. Diese Weiterentwicklung hätte darin bestanden, daß der erste Konsonant der Gruppe vor dem palatalen [ʎ] geschwunden ist. Jedenfalls findet man heute im Kastilischen und im größten Teil des Leonesischen nur noch [ʎ] als Fortsetzer der lateinischen Gruppen PL-, FL- und CL- im Anlaut. Man vergleiche für PL- z.B. die Entwicklungen lat. PLĀ́GĂ > kast. *llaga*, lat. PLẮNTĂ > kast. *llanta* "Felge", lat. PLĂNTĀ́GĬNĔ > kast. *llantén* "Wegerich", lat. PLĀ́NŬ > kast. *llano*, lat. PLḖNŬ > kast. *lleno*, lat. PLĬCĀ́RĔ > kast. *llegar*, lat. PLŌRĀ́RĔ > kast. *llorar*, lat. PLŬ́VĬĂ > kast. *lluvia* usw. Für lat. FL- kann man auf lat. FLĀ́MMĂ > kast. *llama* hinweisen und für lat. CL- auf lat. CLĀMĀ́RĔ > kast. *llamar* und lat. CLĀ́VĔ > kast. *llave*.

Während uns in diesen Lösungen das laterale Element noch an das zweite Element der lateinischen Gruppen erinnert, gibt es zwischen den westleonesischen und galicisch-portugiesischen Lösungen und ihren lateinischen Vorläufern keinerlei phonetische Gemeinsamkeit mehr. Im gesamten galicisch-portugiesischen Sprachraum sowie im westlichsten Teil des Leonesischen fielen die drei uns hier interessierenden Gruppen wie im Kastilischen in einem Laut zusammen. Dabei handelte es sich vorübergehend überall um die palatale Affrikate [c] (Schreibung: *ch*). Als man später im Zentral- und Südportugiesischen auf das okklusive Element dieser Affrikate verzichtete, fiel dieser Laut dort mit dem im Inlaut des Wortes aus lat. -X-, -SC- vor *e* und *i* sowie aus -SSj- resultierenden /ʃ/ zusammen (Schreibung: *x*). Und so lauten die Wörter, die auf lat. PLĀ́GĂ, PLĀ́NŬ, PLḖNŬ, PLĬCĀ́RĔ, PLŌRĀ́RĔ, FLĂGRĀ́RĔ, CLĀMĀ́RĔ und CLĀ́VĔ zurückgehen, heute im Standardportugiesischen alle auf [ʃ] an: *chaga*, *chão*, *cheio*, *chegar*, *chorar*, *cheirar*, *chamar* und *chave*. Im Westleonesischen, im Galicischen und in Nordportugal bis herunter nach Figueira da Foz werden alle diese Wörter bis auf den heutigen Tag mit der Affrikate [c] gesprochen.

Das geographische Bild, das die Verteilung der Resultate von lat. PL-, FL- und CL- auf der Halbinsel ergibt, fällt einigermaßen aus dem Rahmen. Denn obwohl jede der sich hier ergebenden Grenzen unweit irgendeiner anderen Grenze verläuft, die wir schon kennen, ist doch die klare Staffelung von Ost nach West etwas Neues. Beim Schicksal der Auslautvokale hatte sich z.B. genau das umgekehrte Bild ergeben. Hier war der galicisch- portugiesische Westen am konservativsten geblieben, während das Katalanische am radikalsten mit den Auslautvokalen aufgeräumt hat.

Aber auch diese Konstellation ist ja nicht die übliche. Das, was wir bis jetzt am häufigsten festgestellt haben, ist vielmehr die übereinstimmende Bewahrung älterer Zustände im Osten und im Westen, während sich im Zentrum das Spanische oder zumindest das Kastilische von dem ursprünglichen paniberischen Konsensus entfernt. Solche Unterschiede in der Konstellation der Ergebnisse sind bei dem Versuch einer Datierung und historischen Erklärung dialektaler Erscheinungen immer mit zu berücksichtigen.

9.2 Konsonantengruppen im Inlaut

9.2.1 Lateinische Gruppen

Wir können jetzt vom Wortanlaut zum Wortinneren gehen und müssen uns hier zunächst die Frage stellen, ob es lateinische Konsonantengruppen gibt, deren unterschiedliche Entwicklung auf der Iberischen Halbinsel einen wesentlichen Beitrag zu deren dialektaler Gliederung geleistet hat. Etwas von dem, was hier seinen systematischen Ort hat, ist schon an anderer Stelle abgehandelt worden. Das geschah in 7.4, wo wir uns mit der Entstehung eines panhispanischen Systems von Zischphonemen beschäftigt haben. Der Vollständigkeit halber wurde schon dort erwähnt, daß eines dieser Phoneme, nämlich /ʃ/, z.T. auf lateinische Konsonantengruppen zurückgeht. Nämlich auf die Gruppen -X- (= [ks]) und -SC- (= [sk]) vor *e* und *i*.

In seinem erstmals 1904 erschienen und oftmals neu aufgelegten *Manual de gramática histórica española* behandelt Menéndez Pidal die Entwicklungen der lateinischen Konsonantengruppen in folgender Reihenfolge: er beginnt mit denjenigen Zweiergruppen, in denen das erste Element ein Dauerlaut, also kein Okklusiv-

oder, wie man auch sagt, Plosivlaut ist. Es folgen dann diejenigen Zweiergruppen, die gerade mit einem Okklusivlaut beginnen. Das Kapitel schließt mit der Behandlung der aus drei Konsonanten bestehenden Gruppen. Zu erwähnen ist noch, daß Menéndez Pidal auch dort von einer Konsonantengruppe spricht, wo einem einfachen Konsonanten ein Halbvokal vorausgeht oder ein Halbkonsonant folgt. Als Halbvokal bzw. Halbkonsonant kommen im klassischen Latein allerdings nur implosives [u̯] und explosives [w] in Frage. Die entsprechenden Gruppen mit implosivem [i̯] und explosivem [j] sind erst im Vulgärlateinischen im Zuge der Umwandlung der Hiatus in Diphthonge entstanden. Mit diesen [i̯] und [j] haben wir uns in Kapitel 7 ausführlich beschäftigt, so daß wir hier nicht auf sie zurückkommen müssen. Ansonsten folgen wir weitgehend der bei Menéndez Pidal vorgefundenen Ordnung.

9.2.1.1 -MB- und -ND-

Es gibt natürlich sehr viele lateinische Konsonantengruppen, die auf dem Weg zu den iberoromanischen Mundarten Veränderungen erfahren haben. Mit denjenigen, die in volkstümlicher Entwicklung (zunächst) überall zu denselben Resultaten führten, wie z.B. das auf stimmloses [s] reduzierte -RS- oder die auf stimmhaftes [z] bzw. auf einfaches [f] reduzierten -NS- und -NF-, brauchen wir uns hier nicht weiter zu beschäftigen. Aber schon innerhalb der ersten Klasse von lateinischen Konsonantengruppen, die Menéndez Pidal unterscheidet, nämlich diejenigen, die mit einem Dauerlaut beginnen, gibt es Gruppen, die interessante Isoglossen abwerfen. Das gilt zunächst einmal für die ja deutlich analog gebauten Gruppen -MB- und -ND-, in denen jeweils auf einen der beiden lateinischen Nasalkonsonanten der an der gleichen Stelle artikulierte stimmhafte Okklusivlaut folgt. Lateinische Wörter, in denen diese Gruppen vorkommen, sind einerseits Ắ MBŌ "beide", CŎLŬ́MBĂ und PALÚMBA (für klass.lat. PĂLŬ́MBĔ) "Taube" sowie LŬ́MBŬ "Lende", andererseits *ANDÁRE (< *AMLÁRE und dieses verkürzt aus ĂMBŬLĀ́RĔ) "(umher)gehen", (DĒ)MĂNDĀ́RĔ "schicken, befehlen, erbitten", FĬ́NDĔRĔ "spalten" und SPŎ́NDĂ "das Bett(gestell)".

Im Osten der Halbinsel wurde in diesen beiden Gruppen der zweite Konsonant wohl zunächst an den ersten assimiliert und dann der resultierende Doppelkonsonant auf einen einfachen reduziert. Das Areal, in dem dies bei -MB- geschieht, ist allerdings sehr viel größer als das in ihm enthaltene Areal, in dem dies für -ND- geschieht. Denn die Formen des Typs *anar*, *demanar*, *espona* herrschen heute nur im Katalanischen, während Formen des Typs *paloma* und *lomo* auch im Aragonesischen und im Kastilischen überwiegen. Im Kastilischen ist die Lage aber nicht ganz eindeutig, denn man findet auch Wörter, in denen sich die Gruppe -MB- erhalten hat, so z.B. das Indefinitpronomen *ambos*. In früherer Zeit war auch die Assimilation der Gruppe -ND- weiter verbreitet als heutzutage. Und übrigens finden beide Assimilationserscheinungen nördlich der Pyrenäen von der Gascogne bis zum Mittelmeer ihre Fortsetzung. Die Entwicklung -MB- > [m] ist auch für das Baskische belegt. Außerhalb dieses zusammenhängenden Areals findet man ganz ähnliche Assimilierungen in Zentral- und Süditalien sowie in Nordostfrankreich. Insbesondere die italienischen Parallelen hat man für die Erklärung dieser Assimilationen herangezogen. Jedenfalls haben wir hier zwei deutlich verwandte Isoglossen, von denen jede die Halbinsel in einen westlichen, konservativen Teil und einen östlichen, innovatorischen Teil trennt, wenn auch nicht an derselben Stelle.

Nur ein Wort im Vorübergehen zu der lateinischen Gruppe -MN-. Schon in römischer Zeit ist die Assimilierung des ersten Konsonanten an den zweiten gut belegt. Und demgemäß finden wir auf der Halbinsel für diese Gruppe überall dieselben Resultate wie für -NN-. Also im Galicisch-Portugiesischen und im Westleonesischen [n] und — von lokalen Ausnahmen im Aragonesischen abgesehen — überall sonst [ɲ]. Man vergleiche hierfür z.B. die Fortsetzer von lat. DẮMNŬ "Strafe, Schaden, Nachteil, Verlust" in den drei iberoromanischen Literatursprachen: port. *dano*, kast. *daño* und kat. *dany*.

9.2.1.2 -LT- und -CT-

Nach dem Zeugnis der frühesten Sprachdenkmäler gab es auf der ganzen Halbinsel Ansätze zu einer Vokalisierung von L vor Konsonant. Betroffen war vor allem das L vor stimmlosen Plosiven, meist vor T, insbesondere nach den Vokalen A und Ŭ. Als Beispiele können lateinische Wörter wie ẮLTĔRŬ "der/ein anderer", ĂLTĀ́RĬŬ "Anhöhe", TẮLPĂ "Maulwurf" und A(U)SCŬLTĀ́RĔ "horchen", CŬLTĔ́LLŬ "Messer(chen)", MŬ́LTŬ "viel" dienen. Im Katalanischen konnte sich aber die in mittelalterlichen Urkunden reichlich belegte Vokalisierung nicht durchsetzen (vgl. kat. *altre*, *talp*, *escoltar*, *coltell*, *molt* usw.). Das L blieb erhalten, ist aber in dieser Position stark velarisiert.

In den westlicheren Mundarten wurde aus dem vorkonsonantischen L nach A zunächst ein implosives [u̯] und nach Ŭ zunächst ein implosives [i̯]. Diese geschlossenen implosiven Vokale haben dann meist auch den vorausgehenden Vokal geschlossen. Dabei wurde aus A ein [o] und aus dem auf Ŭ zurückgehenden [o] wieder [u]. Im Galicischen, im Westleonesischen und im Nordportugiesischen heißt es z.B. *outro, outeiro* und *coitelo*, im Portugiesischen *outro, outeiro* und *cutelo*. Der alte Diphthong [ui̯] aus [oi̯] erscheint also im Portugiesischen auch in der Schrift meist schon auf *u* reduziert (vgl. port. *cutelo, escutar*, aber *muito*). In der Aussprache hat der Diphthong [ou̯] im Zentral- und Südportugiesischen inzwischen dem Monophthong [o] Platz gemacht (vgl. auch 3.2.3). Das Westleonesische und Aragonesische zeigen im Falle von LT nach Ŭ die Zwischenstufe zwischen dem archaischeren Galicischen und dem innovatorischeren Standard des Portugiesischen. Hier findet man also schon die erneute Schließung des [o] zu [u] und noch den Diphthong, z.B. in leon. und arag. *escuitar* oder in leon. *muitu* bzw. arag. *muito*. Daß auch das Kastilische und der größere östliche Teil des Leonesischen durch diesen Zustand hindurchgegangen sind, sieht man an der kastilischen Form *muy*, in der der Diphthong durch Apokopierung von *muito* früh in den Auslaut geriet und deshalb erhalten blieb, während sich die Vollform zu *mucho* weiterentwickelte.

Das eigentlich Überraschende in unserem Zusammenhang ist nun gerade diese in allen übrigen Fällen eingetretene Weiterentwicklung der Gruppe nach Ŭ im Kastilischen und dem größeren, östlichen Teil des Leonesischen. Denn während sich hier die Gruppe LT nach A genauso weiterentwickelt wie im Portugiesischen (vgl. kast. *otro, otero, topo*), führt die Entwicklung nach Ŭ letztlich zu der Affrikaten [c]. Man vergleiche dazu kast. *escuchar, cuchillo* und *mucho*.

Von den aus zwei Konsonanten bestehenden lateinischen Gruppen mit einem Plosivkonsonanten als erstem Element trägt nur eine auf Grund unterschiedlicher Entwicklung in den verschiedenen iberoromanischen Mundarten nachhaltig zur modernen dialektalen Gliederung der Halbinsel bei. Es ist dies die Gruppe -CT-. In der Tat führt die Entwicklung bei -CT- außerhalb des katalanischen Sprachgebiets überall zu den gleichen oder wenigstens zu sehr ähnlichen Resultaten wie die Entwicklung der Gruppe -LT- nach Ŭ. Und zwar entsteht im Galicisch-Portugiesischen und im Westleonesischen sowie im Aragonesischen in der Regel die Gruppe [i̯t], während die kastilische sowie die zentral- und ostleonesische Entwicklung dieses implosive [i̯] mit dem folgenden [t] zu der palatalen Affrikate [c] verschmilzt. Vgl. port. *feito*, *leite* und kast. *hecho* (altspan. *fecho*), *leche* aus lat. FẮCTŬ, LẮCTĔ. Freilich hat das Standardportugiesische (im Gegensatz zum Galicischen) das implosive [i̯] nach U häufig verloren (vgl. port. *truta* "Forelle"). Der Übergang von [i̯t] zu [c] ist eine typisch kastilische Erscheinung, auch wenn diese wesentlich weiter nach Westen vorgedrungen ist als andere typisch kastilische Erscheinungen, etwa die Entwicklung [lj] bzw. [i̯l] > [ʒ], die Entwicklung [ʃ] > [χ] oder die Aspiration bzw. der Verlust von anlautendem F-.

Auch im Katalanischen tritt bei -CT- zunächst ein implosives [i̯] an die Stelle des Velarkonsonanten. Dieses verschwindet aber wieder, nachdem es den vorausgehenden Vokal geschlossen hat. Port. *feito* und kast. *hecho* (altspan. *fecho*) entspricht kat. *fet*, und entsprechend hat man im Katalanischen *treta* "Heraus-, Entnahme" < TRẮCTĂ, *dreta* < DĪRĔ́CTĂ usw.

Die Weiterentwicklungen von -CT- und die von -LT- nach Ŭ sind also für die dialektale Aufspaltung der Halbinsel sehr wichtig geworden. In beiden Fällen entfernt sich das Kastilische im Zentrum der Halbinsel am weitesten vom Latein. Bei -CT- führen auch der Westen und der Osten Neuerungen durch, ohne doch so weit zu gehen wie das Zentrum. Im Fall von -LT- nach A und Ŭ bleibt das Katalanische letztlich doch auf dem lateinischen Stand, während der Westen Neuerungen durchführt, die aber wiederum nicht so weit gehen wie im Kastilischen.

9.2.1.3 Halbvokalisches [u̯] und halbkonsonantisches [w]

Ein paar Worte zu den Gruppen, in denen einem Konsonant ein implosives [u̯] vorausgeht oder ein explosives [w] folgt.

Den ersten Fall gibt es im klassischen Latein eigentlich nur dort, wo dem Konsonant der fallende Diphthong AU vorausgeht. Man kann sich natürlich fragen, ob es sinnvoll ist, eine Verbindung aus Halbvokal und Konsonant als Konsonantengruppe zu bezeichnen. Aber die Entwicklung dieser Verbindungen auf der Halbinsel gibt dieser Redeweise in gewissem Sinne Recht. Im Falle der Verbindung 'implosives [u̯] + Konsonant' wurde der 'echte' Konsonant nämlich zum Teil gleich behandelt, wie wenn ein Konsonant vorausging: auf der ganzen Halbinsel sind die stimmlosen Plosivlaute in dieser Verbindung nicht sonorisiert worden. Für P gibt es keine brauchbaren Beispiele, denn die iberoromanischen Adjektive mit der Bedeutung "arm" gehen nicht auf klass.lat. PÁUPĔRĔ, sondern auf vulg.lat. PŐP(Ĕ)RĔ zurück. Das sieht man unter anderem auch daran, daß in port. *pobre* in der Orthographie kein Diphthong erscheint. Das *b* in port., kast. und kat. *pobre* widerspricht also dem eben Gesagten nicht. Dagegen wird die Behauptung, die auf den Diphthong AU folgenden Okklusivkonsonanten würden so behandelt, als ob sie nach einem Konsonanten stünden, von den iberoromanischen Nachfolgern der lateinischen Wörter CÁUTŬ (im Sinne von "eingehegter Platz"), AUTŮMNŬ und PÁUCĂ eindeutig bestätigt. Man vergleiche dazu port. *couto, outono* und *pouca,* kast. *coto, otoño* und *poca* sowie kat. *poca.* Die Dauerlaute wurden allerdings in dieser Position doch so behandelt wie in normaler intervokalischer Position. So erscheint z.B. das stimmlose lateinische S nach AU im Portugiesischen *coisa* und im Katalanischen *cosa* als stimmhaftes *s,* und auch im Altspanischen wurde das *s* in diesem Wort mit einem *s* geschrieben, also stimmhaft gesprochen. Das implosive [u̯] wirkt also manchmal wie ein Konsonant, manchmal wie ein Vokal.

Dort, wo das *u*-Element dem Konsonant nicht als Halbvokal vorausging, sondern als Halbkonsonant folgte, ist es vor *i, e* und *o* regelmäßig geschwunden. In den iberoromanischen Nachfolgern von lat. QUĬD, QUĔM und QUŌ MŌDŌ usw. hört man kein *u*-Element mehr. Das orthographische *u* bildet heute einfach mit dem vorausgehenden *q* das Graphem für [k] vor *e* und *i.* Dagegen hat sich das halbkonsonantische [w] vor *a* erhalten, so z.B. in port. *quando,* kast. *cuando* und kat. *quan.* Wenn sich die entsprechende Gruppe in intervokalischer Position befand, dann wurde der stimmlose Okklusivkonsonant überall genauso behandelt, als stünde er einfach zwischen Vokalen. Die Fortsetzer von lateinisch ĂQUĂ lauten so port. *agua,* kast. *agua* und kat. *aigua.*

Kurz: die Entwicklung der Gruppen mit einem halbvokalischen bzw. einem halbkonsonantischen *u*-Element im klassischen Latein tragen zur dialektalen Gliederung der Halbinsel nichts Wesentliches bei.

9.2.1.4 Dreiergruppen

Zu den lateinischen Konsonantengruppen, die aus drei Elementen bestanden, ist in unserem Zusammenhang wenig zu sagen. Bestimmte Gruppen haben sich überall gut erhalten, in anderen war ein Element schon im (Vulgär)lateinischen ausgefallen. In diesem zweiten Fall setzen alle iberoromanischen Mundarten die jüngeren Formen fort. So erinnern z.B. span. *harto*, *tuerto*, *quinto*, *santo*, *punto* sowie span. *sesto* und *misto* in keiner Weise mehr an die älteren lateinischen Formen FẮRCTŬ (zu FĂRCĪ́RE "stopfen, füllen"), TŎ́RCTŬ (zu TŎRQUḖRĔ "winden, drehen"), QUĪ́NCTŬ, PŪ́NCTŬ sowie SḖXTŬ und MĪ́XTŬ, sondern an die späteren lateinischen Formen FẮRTŬ, TŎ́RTŬ, *SÁNTU, *PÚNTU sowie *SÉSTU und *MÍSTU zurück. Und diese spätlateinischen Gruppen haben sich, wie man sieht, auf der Iberischen Halbinsel gut erhalten.

Es ist auch nicht überraschend, daß nicht selten dort, wo lateinische Dreiergruppen eine Veränderung erfahren, diese nur das zweite und das dritte Element der Gruppe tangiert, und zwar genau so, als ob sich diese beiden Konsonanten im absoluten Anlaut befänden. Hier ist allerdings eine interessante Ausnahme festzuhalten. Während, wie wir sahen, die Gruppen PL, FL und CL am Anlaut des Wortes im Westen und im Zentrum regelmäßig verschiedene Resultate hervorbringen, zeigen das Kastilische und das Leonesische für diese Gruppen nach Konsonant die gleichen Lösungen wie der Westen. So entsprechen sich als Fortsetzer von lat. ẮMPLŬ, ĬMPLḖRĔ, ĪNFLĀ́RE, MẮ(N)CŬLĂ in dieser Hinsicht port. *ancho, encher, inchar, mancha* (mit einem Palatalkonsonanten, der in Galicien und Nordportugal noch heute [c] lautet) und kast. *ancho, henchir, hinchar, mancha.* Nur intervokalisch -FFL- scheint sich im Kastilischen genauso entwickelt zu haben wie FL- im Anlaut. Man vergleiche dazu kast. *hallar* (< lat. ĂFFLĀ́RĔ) wie kast. *llama* (< lat. FLĀ́MMĂ) gegenüber port. *achar* wie port. *chama*. Und ganz entsprechend wird im Kastilischen aus SŬFFLĀ́RĔ > *(re)sollar* und aus SŬFFLĂMMĀ́RĔ > *sollamar* "absengen". Vergleicht man mit der Entwicklung am Wortanlaut, so kann man also sagen, daß der Westen die Gruppen PL, FL und CL in beiden Positionen gleich radikal umgestaltet, während die kastilischen Resultate im Wortinnern nach Konsonant zum Teil mit den radikalen Resultaten des Galicisch-Portugiesischen, zum Teil aber auch mit den weniger radikalen, eigenen Lösungen am Wortanlaut übereinstimmen.

9.2.2 Romanische Gruppen

Wir kommen damit zum Schicksal derjenigen Konsonantengruppen, die erst im Vulgärlatein oder im Romanischen entstanden sind. Die Entwicklung, die zur Entstehung dieser Gruppen geführt hat, haben wir schon in 3.5 kennengelernt. Es ist der Ausfall im Prinzip aller vor- bzw. nachtonigen Vokale mit der einzigen Ausnahme von A in der gesamten Westromania. Der Ausfall dieser Vokale erfolgte ganz offensichtlich in verschiedenen lautlichen Umgebungen und in verschiedenen Gegenden zu verschiedenen Zeiten.

9.2.2.1 Chronologie ihrer Entstehung

Offenbar fiel zunächst noch in römischer Zeit der Nachtonvokal unter bestimmten Bedingungen. Und wir sahen, daß man sogar glaubt, diese Bedingungen aufgrund von Zeugnissen auf Inschriften angeben zu können. Später hätte sich der Ausfall im Westen auf alle anderen phonischen Umgebungen sowie auf den Vortonvokal ausgedehnt (vgl. 3.5). Diese Generalisierung scheint in der Regel erst stattgefunden zu haben, nachdem in intervokalischer Position die stimmlosen Okklusivlaute schon stimmhaft geworden und die alten stimmhaften (gegebenenfalls) schon ausgefallen waren. Das zeigt Menéndez Pidal in seinem *Manual* anhand der Beispiele kast. *domingo* < lat. (DĬĒ) DŎMĬ́NĬCŬ und kast. *limpio* < lat. LĬ́MPĬDŬ. Im ersten Beispiel konnte C nur zu einer Zeit sonorisiert werden, in der es sich noch in intervokalischer Position befand. Und im zweiten Beispiel konnte sich das nachtonige I nur deshalb erhalten, weil es nach dem Ausfall des intervokalischen -D- zum ersten Element eines steigenden Diphthongs wurde. Andererseits muß die Generalisierung des Ausfalls der vor- und nachtonigen Vokale schon stattgefunden haben, bevor im Kastilischen aus intervokalisch -CT- bzw. -LT- nach Ŭ [c] geworden ist. Sonst hätte aus lat. PĔCTŎRĀ́LĔ nicht *petral* "Brustgeschirr", sondern **pechral,* aus vulg.lat. BENEFACTORÍA nicht *behetría,* sondern z.B. **behechría* und aus lat. VŬ́LTŬRĔ nicht *buitre,* sondern **buchre* werden müssen.

9.2.2.2 Prinzipielle Entwicklungsmöglichkeiten

Wenn durch den Ausfall eines Vokals zwei Konsonanten aneinander geraten, die vorher durch diesen voneinander getrennt waren, dann sind prinzipiell eine Reihe von Möglichkeiten der Weiterentwicklung denkbar. Für die iberoromanischen Mundarten sind vor allem die folgenden belegt, die hier an Beispielen aus dem Kastilischen veranschaulicht werden.

Entweder die neue Gruppe wird (fast) unverändert beibehalten.

So geschehen in kast. *amable*, *asno*, *caldo*, *onrar* und *manga* aus lat. ĂMĀ́BĬLĔ, Ā́SĬNŬ, CẮLĬDŬ, HŎNŌRĀ́RĔ und MẮNĬCĂ. Diese Beibehaltung beobachtet man vor allem dann, wenn der entsprechende Dialekt schon vorher über die entsprechende Konsonantengruppe verfügte und deren Artikulation den Sprechern deshalb keine Schwierigkeiten bereitete. Dagegen kommt es vor allem dann zu Umgestaltungen der neuen Gruppen, wenn diese Bedingung nicht gegeben ist.

Eine erste Form der Umgestaltung der Gruppe ist ihre Umstellung. Sie findet man z.B. in kast. *candado*, *silbar* und *viernes* aus lat. CĂTĒNĀ́TŬ, SĪBĬLĀ́RĔ und VĔ́NĔRĬS. Eine andere Form der Umgestaltung ist die Assimilation. Dabei bevorzugen die iberoromanischen Mundarten in aller Regel die Assimilation des ersten, implosiven Konsonanten an den zweiten, explosiven. So geschehen in kast. *conde* < lat. CŎ́MĬTĔ. Aber auch die gegenteilige Lösung, die Dissimilierung, kommt vor. Sie findet man in kast. *alma* < lat. ẮNĬMĂ und kast. *mermar* < vulg.lat. *MINIMÁRE, wobei es wiederum der implosive, erste Konsonant (hier ein Nasalkonsonant) ist, der dissimiliert wird. Und das gleiche gilt für kast. *nalga* < vulg.lat. *NÁTICA und kast. *hidalgo* < vulg.lat. *FIDÁTICU (sofern dies die richtige Etymologie sein sollte), wo ebenfalls der erste Konsonant (diesmal ein Okklusivkonsonant) dissimiliert wird.

Wie man sieht, werden die dissimilierten Konsonanten gerne in sogenannte Liquide überführt. Eine weitere Form der Umgestaltung einer romanischen Gruppe besteht in der Einfügung eines Übergangskonsonanten. Einen solchen finden wir z.B. in kast. *tendré*, *temblar* und *hombro* aus (vulg.)lat. *TENERE HÁBEO, lat. TRĔMŬLĀ́RĔ und lat. Ū́MĔRŬ. Der Übergangskonsonant tritt auch in Kombination mit der Dissimilierung auf. Dann ist es aber der zweite Konsonant, der in einen liquiden überführt wird. So geschehen in kast. *hembra*, *lumbre* und *cumbre* aus lat. FḖMĬNĂ, LŪ́MĬNĔ und CŬ́LMĬNĔ. Um von MŬLTĬTŪ́DĬNĔ zu kast. *muchedumbre* zu kommen, muß man mit mehreren der bisher genannten Umgestaltungen rechnen. Als letzte Form der Umgestaltung ist die Vokalisierung des implosiven Konsonanten zu nennen, die ja auch bei den lateinischen Gruppen häufig stattgefunden hat. Man findet sie z.B. in kast. *caudal*, *ciudad*, *deuda* und *sauce* aus lat. CĂPĬTĀ́LĔ, CĪVĬTĀ́TĔ, DḖBĬTĂ und SĀ́LĬCĔ belegt (CĂPĬTĀ́LĔ > *cabˈdal* > *caudal* usw.).

9.2.2.3 Westen und Zentrum vs. Osten

Zunächst ist zu sagen, daß im Westen der Halbinsel sehr viel weniger Konsonantengruppen entstehen als im Zentrum und im Osten. Und zwar einerseits deshalb, weil sich die vor- und nachtonigen Vokale hier doch etwas besser erhalten haben als im Rest der Halbinsel (vgl. 3.5). Man denke an portugiesische Wörter wie *nádega* oder *fôlego*, die man mit kastilischen Wörtern wie *nalga* und *huelga* vergleichen muß. Zweitens deswegen, weil im Galicisch-Portugiesischen die intervokalischen -L- und -N- schon vor den vor- bzw. nachtonigen Vokalen ausgefallen sind. Man vergleiche dazu kast. *hombre*, *sembrar*, *tendré*, *niebla* aus lat. HŎ́MĬNĔ, SĒMĬNĀ́RĔ, *TENERE HÁBEO und NḖBŬLĂ mit port. *homem*, *semear*, *terei* und *névoa*.

Abgesehen von diesen Gegensätzen kommt es dann vor allem in den folgenden romanischen Konsonantengruppen zu unterschiedlichen Entwicklungen.

9.2.2.4 -L'Okklusiv-

In der Gruppe -L'Okklusiv- wird *l* nach *a* genauso wie in den entsprechenden lateinischen Gruppen im Katalanischen beibehalten, im Kastilischen dagegen vokalisiert. Aber anders als bei der lateinischen Gruppe, wo der resultierende Diphthong im Kastilischen über die Schließung des vorausgehenden Vokals wieder zu einem Monophthong wird, hat sich der aus der romanischen Gruppe entstehende Diphthong im Kastilischen bis heute erhalten. Man vergleiche für die lateinische Gruppe kat. *altra* vs. kast. *otra* < lat. ĂLTĔRĂ und für die romanische Gruppe kat. *calze* und *salze* vs. kast. *cauce* und *sauce* aus lat. CẮLĬCĔ "der Kelch" und SẮLĬCĔ "die Weide".

9.2.2.5 -Okklusiv'L-

Die Gruppe -Okklusiv'L-, die im Westen der Halbinsel wegen des Ausfalls von intervokalischem -L- in der Regel ebensowenig zustandekommt wie die eben behandelte, entwickelt sich im Kastilischen und im Katalanischen verschieden, je nachdem, ob lat. P oder B zugrundeliegt. Außerdem stehen volkstümlichere und weniger volkstümliche Entwicklungen nebeneinander. Die volkstümlichere Entwicklung für die Gruppe, in der lat. P zugrundeliegt, führt im Kastilischen zu [c] und im Katalanischen zu [ʎ]. So wird z.B. nach Menéndez Pidal, *Manual* § 56, 1 aus einem (vulgären) CÁPULAS "die Griffe, die Henkel" kast. *cachas*. Und im Katalanischen wird aus lat. PŎ́PŬLŬ "die Pappel" *poll*. Die etwas weniger volkstümliche Entwicklung führt von lat. PŎ́PŬLŬ "das Volk" im Kastilischen zu *pueblo* und im Katalanischen zu *poble* mit phonischer Doppelkonsonanz [ˈpɔbblə]. Auch dort, wo lateinisches B zugrundeliegt, gibt es diesen Unterschied zwischen einer volkstümlicheren und einer weniger volkstümlichen Entwicklung. Ganz volkstümlich wird im Kastilischen aus lat. TRÍ́BŬLŬ "der Dreschwagen" *trillo* und im Katalanischen aus TẮBŬLĂ und NĔBŬLĂ *taula* und *neula*. Etwas weniger volkstümlich im Kastilischen aus NĔBŬLĂ *niebla* und im Katalanischen aus NṐBĬLĔ *noble*, wieder mit phonischer Doppelkonsonanz.

Auf die Gruppe -C'L- als eine der Quellen des altspanischen Phonems /ʒ/ sind wir in 7.4 im Zusammenhang mit den Palatalisierungen, die zu den Zischlauten führen, schon kurz zu sprechen gekommen. In volkstümlicher Entwicklung entsteht sowohl aus -C'L- wie auch aus -G'L- im Kastilischen dieses [ʒ] und in allen anderen iberoromanischen Mundarten zunächst [ʎ]. In einem Teil des leonesischen und des katalanischen Sprachgebiets sind die Sprecher allerdings von [ʎ] zu [j] (im Leonesischen z.T. sogar zu [c]) übergegangen. Es gibt also Gegenden des Leonesischen und Katalanischen, in denen die Fortsetzer von lat. ĂPĪ́CŬLĂ und AURĪ́CŬLĂ [aˈβeja] und [oˈreja] bzw. [əˈβɛjə] und [uˈrɛjə] lauten. Diesen leonesischen und katalanischen 'yeísmo' darf man nicht mit dem kastilischen 'yeísmo' verwechseln, der das auf lat. -LL-, PL-, FL-, CL- zurückgehende [ʎ] in [j] umwandelt. Richtig ist allerdings, daß der katalanische 'yeísmo' auch das auf anlautendes L- zurückgehende katalanische [ʎ] erfaßt. Der relativ weit verbreitete leonesische 'yeísmo' findet sich gerade im Zentrum des leonesischen Sprachgebiets. Der katalanische in einem zentralen Teil des Ostkatalanischen, zwischen Barcelona und der französischen Grenze. In etwas weniger volkstümlich entwickelten Wörtern trifft man im Katalanischen bei Wörtern mit zugrundeliegendem -C'L-, -G'L- wieder auf die Doppelkosonanz: MĪRẮCŬLŬ > kat. *miracle* [miˈragglə].

Die Gruppen -T'L- und -D'L- haben sich in volkstümlicher Entwicklung überall den Gruppen -C'L- und -G'L- angeschlossen. Und entsprechend findet man auch hier für lat. VĔTŬLŬ im Altspanischen *viejo* mit [ʒ] und im Portugiesischen und Katalanischen übereinstimmend *velho* bzw. *vell* mit [ʎ]. Die leonesischen und katalanischen Gebiete mit 'yeísmo' haben [ˈbjeju] und [ˈbɛi̯]. Im Katalanischen gibt es auch hier weniger volkstümliche Entwicklungen, die zur Entstehung neuer Doppelkonsonanten geführt haben. Aus lat. SPẮTŬLĂ wird kat. *espatlla* [əsˈpaʎʎə].

9.2.2.6 -Okklusiv'Nasal-

Zu den Fällen, in denen der Ausfall eines unbetonten Vokals einen okklusiven und einen nasalen Konsonanten miteinander in Kontakt bringt, ist wenig zu sagen. Gruppen des Typs -Okklusiv'N- kommen im Galicisch-Portugiesischen gar nicht erst zustande, weil hier das intervokalische -N- schon vor dem unbetonten Vokal ausfällt. Für den Fall, daß es sich bei dem ersten Konsonanten einer solchen Gruppe um ein auf lat. T zurückgehendes *d* handelt, sind für das Kastilische und das Katalanische jeweils eigentümliche Entwicklungen zu verzeichnen. Im Kastilischen wird dann in der Regel umgestellt. So wird hier aus lat. CĂTĒNẮTŬ > *candado*, aus vulg.lat. *RÉTINA *rienda* und aus lat. SĒRṒTĬNŬ > *serondo* "spät (reifend)". Im Katalanischen wird das *d* an das folgende *n* assimiliert. Die daraus resultierende phonische Doppelkonsonanz hat sich bis heute erhalten. So wird im Katalanischen aus vulg.lat. *CÚTINA *cotna* [ˈkonnə] "die Rinde" und zumindest dialektal aus vulg.lat. *RÉTINA > *retna* [ˈr̄ennə] (so im Roussillon). Katalanisch *candau* gilt als kastilisches Lehnwort.

Was die gleichfalls aus einem okklusiven und einem nasalen Konsonanten bestehende romanische Gruppe -G'N- betrifft, so führt die im Lateinischen relativ häufige Endung -Ā́GĬNĔ in den drei iberoromanischen Literatursprachen zu Resultaten, die in charakteristischer Weise voneinander abweichen. Aus lat. ĬMĀ́GĬNĔ und PLĂNTĀ́GĬNĔ werden im Katalanischen *imatge* und *plantatge.* Im Portugiesischen wird aus ersterem *imagem* und im Kastilischen aus zweiterem *llantén.* Die üblichen Fortsetzer dieses Suffixes lauten also auf der Halbinsel port. *-agem*, kast. *-én* und kat. *-atge* [-ˈaddʒə].

9.2.2.7 -Nasal'Liquid-

Von romanischen Konsonantengruppen, in denen auf einen Nasalkonsonanten ein Liquid, d.h. ein *r* oder *l* folgt, sagt Menéndez Pidal (*Manual*, § 59): "Añaden casi siempre una oclusiva sonora intermedia". Dies gilt für die ganze Halbinsel. Aus -M'R- wird also -[mbr]-, aus -M'L- wird -[mbl]-, aus -N'R- wird -[ndr]-, und aus -N'L- müßte entsprechend -[ndl]- werden, aber diese Gruppe kommt kaum vor. Beispiele sind kast. *hombro* < lat. Ū́MĔRŬ, kast. *temblar* < lat. TRĔMŬLĀ́RĔ, kast. *tendré* < vulg.lat. *TENERE HÁBEO. Statt dieser Entwicklungen findet man allerdings auch häufig die Umstellung der Gruppe, wie z.B. in kast. *tierno* < lat. TḖNĔRŬ. Natürlich kommen die entsprechenden romanischen Gruppen im Galicisch-Portugiesischen wegen des Ausfalls von intervokalischem -L- und -N- in der Regel wieder nur dann zustande, wenn das erste Element der Gruppe nicht *n* und das zweite nicht *l* ist.

Im Zentrum und im Osten der Halbinsel hat sich die Gruppe -M'N- der Gruppe -M'R- angeschlossen. Aus lat. FḖMĬNĂ wird im älteren Kastilisch und Katalanisch übereinstimmend *fembra.* Die Weiterentwicklung dieser romanischen Gruppe unterscheidet sich also erheblich von der Entwicklung der entsprechenden lateinischen Gruppe, in der, wie wir schon sahen, das M an das folgende N assimiliert wurde und mit dem Doppelkonsonanten -NN- zusammenfiel. Im Galicisch-Portugiesischen kam auch -M'N- wegen des Ausfalls von intervokalischem -N- in der Regel erst gar nicht zustande. Insgesamt kann man sagen, daß die Entwicklung der romanischen Gruppen des Typs '-Nasal'Liquid-' wenig zur dialektalen Ausgliederung der Halbinsel beigetragen haben.

9.2.2.8 -Okklusiv'Okklusiv-

Die romanischen Konsonantengruppen, in denen zwei Okklusivlaute aufeinander treffen, entwickeln sich in den iberoromanischen Mundarten weitgehend gleich. Wir erwähnen nur zwei Fälle, in denen die Entwicklung doch mit einiger Regelmäßigkeit auseinanderläuft. Wenn es sich um eine Gruppe des Typs '-Labial'Dental-' handelt, dann erscheint der Labialkonsonant im Westen einschließlich dem Kastilischen regelmäßiger vokalisiert als im Osten. So wird z.B. aus lat. CĂPĬTẤLĔ im Portugiesischen und im Kastilischen *caudal,* im Katalanischen dagegen *cabdal.* Und wenn es sich um eine Gruppe des Typs '-Dental'Velar-' handelt, wie z.B. in (vulg.)lat. IŪDĬCẤRĔ, *MAIORÁTICU, MḖDĬCŬ, *NÁTICA, *PORTÁTICU und VĬẤTĬCŬ, dann kann man zwischen einer typisch westlichen, insbesondere leonesischen Lösung, einer zentralen, insbesondere kastilischen und einer typisch östlichen, katalanischen Lösung unterscheiden. Man vergleiche dazu port. *julgar,* leon. *mayoralgo* und *portalgo* mit Dissimilierung des ersten Elements zu [l], kast. *juzgar* und *portazgo* mit Dissimilierung des ersten Elements zu [dz] (aus dem später ein stimmhaftes [δ] wird) und kat. *metge* und *viatge* mit der Doppelaffrikate [ddʒ].

10. Konsonantismus VI: Auslautkonsonanten

Wir beenden unseren Durchgang durch den Konsonantismus mit einem kurzen Blick auf das Schicksal der Auslautkonsonanten. Auch hier muß wieder zwischen lateinischem und romanischem Auslaut unterschieden werden.

10.1 Lateinische Auslautkonsonanten

Im lateinischen Auslaut gab es wenig Konsonantengruppen. Eine wichtige Ausnahme bildete die Gruppe -NT wegen ihrer Häufigkeit in der 3. Person Plural der Verbalkonjugation. Diese Gruppe wird in der ganzen Iberoromania zunächst auf *-n* reduziert. Im Galicisch-Portugiesischen ist auch dieser Konsonant noch geschwunden, allerdings nicht, ohne zuvor den vorausgehenden Vokal zu nasalieren. Das *-m* am Ende vieler portugiesischer Wörter ist nichts als ein orthographisches Zeichen für diese Vokalnasalität. Im Galicischen wurde die Nasalierung rückgängig gemacht, wobei z.T. wieder ein Nasalkonsonant entstand ([n] oder [ŋ]). Cf. port. *ouvem* [-ẽĩ̯̂], gal. *oien* [-en] "sie hören".

Die im Lateinischen selteneren, auslautenden Konsonantengruppen wurden überall zumindest auf einfache Konsonanten reduziert: lat. Ĕ́ST > port. + gal. *é*, leon. *ye*, kast. *es*, kat. *és*, lat. Ŏ́ST > port. *(a)pós*, kast. *pues*, lat. SĔ́X [-ks] > port. + gal. + kast. *seis*, kat. *sis*.

Die einfachen Auslautkonsonanten des Lateinischen haben die iberoromanischen Mundarten alle ausfallen lassen, mit Ausnahme von L, R und S. So hat sich z.B. -L in lat. MĔL n. überall als solches erhalten, auch wenn es im Katalanischen und im Portugiesischen stark velarisiert ist. Also port. *mel* [mɛɫ], kast. *miel* [mjel] und kat. *mel* [mɛɫ]. Auslautendes lateinisches -R haben die iberoromanischen Mundarten meist in ein inlautendes *r* verwandelt. Aus lat. ÍNTĔR wird kast. *entre* usw. Auslautendes lateinisches -S spielt in der Iberoromania nach wie vor in der Flexion eine wichtige Rolle. Vor stimmhaftem Konsonant wird wortauslautendes *-s* (genauso wie silbenauslautendes) überall stimmhaft gesprochen. In denjenigen Mundarten, die intervokalisch zwischen stimmhaftem und stimmlosem *s* unterscheiden, ist auch *-s* vor vokalisch anlautenden Wörtern stimmhaft. Also z.B. port. *as asas* [ɐˈzazɐʃ] "die Flügel". Wie dieses Beispiel zeigt, ist es im (südwestlichen) Portugiesisch hinsichtlich der Aussprache von wort-, aber auch silbenauslautendem *-s* in der Neuzeit zu einer auffälligen Neuerung gekommen: vor Pausa bzw. stimmlosem Konsonant wird heute [ʃ] gesprochen, vor stimmhaftem Konsonant [ʒ]: *este* [ˈeʃtɨ], *as mesmas* [ɐʒˈmeʒmɐʃ]. Das betrifft die romanischen *-s* genauso wie die lat. -S: vgl. port. *após* [ɐˈpɔʃ] "(da)nach, hinter(her)" aus vulg.lat. *AD PÓST. Im Ostandalusischen ist wortauslautendes *-s* ganz geschwunden (vgl. 3.3.7).

10.2 Romanische Auslautkonsonanten

Welche romanische Konsonanten jeweils in den Auslaut treten, hängt davon ab, wie die einzelnen iberoromanischen Mundarten die verschiedenen Auslautvokale behandeln. Dabei geht es jetzt nur um die Frage, ob diese Vokale in den einzelnen Mundarten in der einen oder anderen Form überleben oder nicht.

Im Westen und im Zentrum fällt nur *-e* (als Fortsetzer aller lateinischen Vokale der palatalen Reihe) nach bestimmten Konsonanten regelmäßig. Es sind das die Konsonanten *l*, *n*, *r*, *s* und *z* (das zum Zeitpunkt des Abfalls von *-e* noch [dz] gesprochen wurde). Im Zentrum kommt noch *d* nach Vokal dazu, denn hier hat man im Kastilischen auch *ciudad* < lat. CĪVĬTĀ́TĔ, während es im Westen, z.B. im Portugiesischen noch *cidade* heißt (vgl. 3.3.2 und 3.3.3). Im Westen erleidet dann das durch den Abfall von auslautendem *-e* in den Auslaut getretene *-n* das gleiche Schicksal wie das auf lat. -NT zurückgehende *-n*: es hinterläßt phonisch im Portugiesischen nur noch in der Nasalität des vorausgehenden Vokals eine Spur (vgl. 3.2.3 Ende). Aus diesem Vokal wird ein nasaler Diphthong, wenn es sich um ein *a* oder *e* handelte. Vgl. port. *cantam* [kɐ̃ntɐ̃ṷ̃], *correm* [ˈkɔʀẽḭ̃].

Die Tatsache, daß das auslautende *-e* im Kastilischen in den ersten Jahrhunderten seiner Überlieferung noch in sehr viel mehr Fällen abfallen konnte, braucht uns hier nicht zu interessieren. Für die Tatsache, daß die eben gegebenen Regeln für bestimmte Verbformen und bestimmte häufig proklitisch verwendete Wörter nicht gilt, sei kurz auf einige Beispiele hingewiesen. So hat sich *-e* wohl aus grammatischen Gründen in kast. *sale, viene, mire* und *hace* erhalten (der letzten Form entspricht aber port. *faz*). Und aus kast. *grande* wurde in proklitischer Stellung *gran*.

Die wichtigsten Isoglossen hinsichtlich der Behandlung der romanischen Auslautkonsonanten trennen aber nicht den Westen vom Zentrum, sondern den Westen und das Zentrum vom Osten, genauer gesagt, die galicisch-portugiesischen und spanischen Dialekte vom Katalanischen. Denn das Katalanische hat nicht nur mit dem Auslautvokalismus am radikalsten aufgeräumt (vgl. 3.3.4). Es hat auch eine ganze Reihe von dadurch in den Auslaut getretenen Konsonanten bzw. Konsonantenverbindungen aufgegeben oder umgeformt. Dabei sind keineswegs immer alle Dialekte gleich weit gegangen. Grob gesagt bleiben vor allem das Inselkatalanische und das Valencianische oft auf einem älteren Stand stehen. Die folgenden Ausführungen orientieren sich am Ostkatalanischen des Prinzipats, das auch die Grundlage für den katalanischen Standard abgegeben hat.

In diesem Katalanisch also sind — von vielen Ausnahmen abgesehen, die z.B. Eigennamen oder einsilbige Wörter betreffen — schon relativ früh auslautendes romanisches *-n* und am Beginn der Neuzeit auch noch auslautendes romanisches *-r* ausgefallen. Aus lat. MẮNŬ, VĪ́NŬ, RĂTĬṒNĔ wurden kat. *má*, *vi* und *raó*. Im Plural heißt es allerdings immer noch *les mans*, *els vins* und *les raons*. Und aus lat. PĀNĀ́RĬŬ, DŎLṒRĔ, PŎRTĀ́RĔ, CRḖSCĔRĔ, SĔNTĪ́RĔ usw. wurden *paner*, *dolor* (mit den Pluralen *paners* und *dolors*), *portar*, *créixer* [ˈkrẹʃə], *sentir* usw. mit (außerhalb des Valenzianischen) nurmehr geschriebenem *-r*. Zum Teil erscheint das [r] noch, wenn ein konsonantisch anlautendes Pronomen folgt. So heißt es in Barcelona z.B. *portar-me* [purˈtarmə].

Andere in den Auslaut getretene Konsonanten verschwinden im Katalanischen zwar nicht restlos, werden dort aber vokalisiert. Dies gilt für -[β], -[δ] und -[dz]. Beispiele sind kat. *deu* < lat. DḖBĔT, kat. *plou* < vulg.lat. *PLÓVET (klass.lat. PLŬ́ĬT), kat. *cau* < lat. CẮDĬT, kat. *plau* < lat. PLẮCĔT, kat. *diu* < lat. DĪ́CĬT, kat. *preu* < lat. PRḖTĬŬ und kat. *pou* < lat. PŬ́TĔŬ. [b], [d], [g], [ź] und [dʒ] werden, wenn sie im Katalanischen in den Auslaut treten, zu stimmlosen [p], [t], [k], [ś] und [c]. Man vergleiche dafür kat. *nap* < lat. NĀ́PŬ "der Rettich", kat. *nebot* < lat. NĔPṒTĔ, kat. *dic* < lat. DĪ́CŌ, kat. *cas* < lat. CĀ́SŬ und kat. *maig* [ˈmac] < lat. MĀ́IŬ. In all diesen Beispielen muß der fragliche Konsonant vorübergehend stimmhaft gewesen sein. Die Desonorisierung stimmhafter Auslautkonsonanten findet im Katalanischen unabhängig davon statt, ob noch ein weiterer Konsonant vorausgeht oder nicht.

Zum Schluß bleibt nur noch zu erwähnen, daß zumindest das Ostkatalanische und mit ihm auch das Standardkatalanische des weiteren eine ganze Reihe von Konsonantengruppen, die durch den Abfall von Auslautvokalen in den Auslaut getreten sind, auf das erste Element der Gruppe reduziert haben, auch wenn das zweite Element meist nach wie vor geschrieben wird. So werden auslautend *-mp*, *-nt*, *-n* (aus MN), *-nc* und *-lt* heute einfach als [m], [n], [ŋ] und [l] gesprochen. So z.B. in kat. *camp* < lat. CẮMPŬ, kat. *sent* < lat. SĔ́NTĬT, kat. *cantant* < lat. CĂNTẮNDŌ, kat. *son* < lat. SŎ́MNŬ, kat. *blanc* < vulg.lat. BLÁNCU und kat. *alt*, *molt* < lat. ẮLTŬ und MŬ́LTŬ.

Die katalanische 'Tendenz', etwas am Ende der ererbten Wörter wegzulassen, die wir beim Studium des Auslautvokalismus kennengelernt haben, macht also auch vor den dadurch neu in den Auslaut getretenen Konsonanten nicht halt. Auch in der Eliminierung der romanischen Auslautkonsonanten geht kein anderer romanischer Dialekt der Halbinsel so weit wie das Katalanische. Im Kastilischen kann man dazu nur auf die weit verbreitete Aussprache von *Madrid*, *verdad*, *reloj* usw. ohne den letzten Konsonanten hinweisen: [maˈδri], [βεˈrδa], [r̄εˈlo].

11. Zusammenfassung: Dialekträume und Dialektgrenzen

11.1 Die großen Dialekträume

In den vorausgehenden Kapiteln ging es darum, die den Sprechern selbst in groben Umrissen bekannte moderne dialektale Gliederung der Halbinsel anhand sprachlicher Fakten zu überprüfen, zu rechtfertigen und notfalls zu präzisieren. Wir haben uns hierfür auf den phonischen Bereich beschränkt, weil beim derzeitigen Stand der Forschung nur in diesem Bereich eine gewisse Vollständigkeit und Systematizität erreichbar ist. Man darf davon ausgehen, daß die Hinzunahme der Fakten aus Grammatik und Wortschatz zu weiteren Präzisierungen und Differenzierungen führen würde, nicht aber zu einer Anullierung des Bildes, das anhand der Fakten aus dem phonischen Bereich gewonnen werden kann.

Die phonischen Fakten bestätigen, daß wir auf der Halbinsel zunächst einmal drei große Dialekträume unterscheiden müssen, von denen jeder wieder weiter unterteilt werden kann. Der katalanische Sprachraum teilt sich primär in einen ost- und einen westkatalanischen, der westkatalanische sekundär in einen nord- und einen südkatalanischen. Der galicisch-portugiesische Sprachraum zeigt eine Staffelung von Nord nach Süd, wobei die galicischen Dialekte, die nordportugiesischen Dialekte und die zentral- bzw. südportugiesischen Dialekte jeweils eine relative Einheit bilden. Der spanische Sprachraum teilt sich primär in Aragonesisch, Kastilisch und Leonesisch, der kastilische sekundär in Nordkastilisch und Andalusisch. Auch innerhalb des Leonesischen kann noch zwischen dem Asturischen im Norden und dem

Südleonesischen unterschieden werden.

11.2 Die wichtigen Dialektgrenzen

11.2.1 Schärfe und Tiefe von Dialektgrenzen

Man kann hinsichtlich der Grenzen zwischen Dialektgebieten zwischen der Schärfe und der Tiefe einer Grenze unterscheiden. Die Grenzen zwischen Dialektgebieten sind mehr oder weniger scharf, je nachdem, ob die dialektalen Isoglossen stärker gebündelt oder gestreut sind. Einigermaßen scharfe Dialektgrenzen ergeben sich so auf der Halbinsel eigentlich nur im südlichen Teil zwischen den drei großen Sprachgebieten und im Nordwesten zwischen dem Galicischen und dem Portugiesischen. Das Leonesische und das Aragonesische können selbst gewissermaßen als breitgefächerte Grenzen des Kastilischen hin zum Galicisch-Portugiesischen im Westen und zum Katalanischen im Osten aufgefaßt werden. Die unterschiedliche Schärfe von Dialektgrenzen läßt sich nur kartographisch anschaulich darstellen. Vgl. dazu die Karten Karl Haags im Anhang zu Jürgen Lang, *Sprache im Raum*, Tübingen: Niemeyer 1982 und unsere eigene Darstellung der Grenzen des Leonesischen (ebenda).

Die Tiefe einer Dialektgrenze resultiert aus der Anzahl und dem Gewicht der Isoglossen, die zwischen zwei Dialektgebieten verlaufen. In 11.2.4 unternehmen wir einen Versuch, einen Eindruck von der Tiefe der Grenzen zwischen den in 11.1 unterschiedenen Sprachräume zu vermitteln. Wir tun dies, indem wir für jede Grenze zwischen den von uns angenommenen Dialektgebieten die wichtigsten dialektalen Isoglossen aus dem phonischen Bereich aufzählen, die sich bei unserem Durchgang durch die Lautentwicklung für die jeweilige Grenze ergeben haben.

Der Wert dieser Zusammenstellungen für die einzelnen Dialektgrenzen darf freilich nicht überschätzt werden. Es dürfte noch viel Wichtiges fehlen, und es dürften auch bei der Formulierung der Isoglossen manche Fehler und noch mehr Ungeschicklichkeiten unterlaufen sein. Denn auch die Isoglossen müssen ja erst in einem gleich noch zu präzisierenden Sinne abgegrenzt werden, bevor man mit ihrer Hilfe Dialekte abgrenzen kann.

11.2.2 Darstellung der Tiefe: Verfahren

Nach dieser mise en garde soll jetzt erläutert werden, wie die folgenden Isoglossenzusammenstellungen für die wichtigsten dialektalen Grenzen der Halbinsel zu verstehen sind. Wir gehen, den sprachhistorischen Gegebenheiten der Halbinsel Rechnung tragend, zunächst, gewissermaßen auf der Spur der Römer, von Ost nach West und dann, gewissermaßen auf der Spur der Christen, von Nord nach Süd. So treffen wir also der Reihe nach auf die folgenden Grenzen:

- Westkatalanisch/Ostkatalanisch,
- Katalanisch/Aragonesisch,
- Aragonesisch/Kastilisch,
- Kastilisch/Leonesisch,
- Leonesisch/Galicisch-Portugiesisch.

Von Nord nach Süd gehend treffen wir dann im Katalanischen auf die Grenze:

- Nordkatalanisch/Südkatalanisch(Valencianisch),

im Kastilischen auf die Grenze:

- Nordkastilisch/Andalusisch,

im Leonesischen auf die Grenze:

- Asturisch/Südleonesisch

und im Galicisch-Portugiesischen auf die Grenzen:

- Galicisch/Portugiesisch,
- Nord- (und Zentral)portugiesisch/(Zentral- und) Südportugiesisch.

Verdeutlichen wir uns das Darstellungsverfahren am Beispiel der Grenze zwischen dem Westkatalanischen und dem Ostkatalanischen (vgl. 11.2.4.1).

Der senkrechte Strich steht für diese Grenze, obwohl natürlich die drei hier aufgeführten Isoglossen in Wirklichkeit nicht genau den gleichen Verlauf aufweisen. Sie bilden nicht eine Linie, sondern ein Linienbündel. Und das gilt entsprechend für alle folgenden Grenzen. Die Formen, die sich dann in den beiden Spalten gegenüberstehen, sind nur Beispiele für eine allgemeinere Entwicklung, die links außen in einer abgekürzten Form benannt wird. Unter den Lautentwicklungen, die wir behandelt haben, weil sie in der einen oder anderen Weise zu Dialektunterschieden auf der Halbinsel geführt haben, befanden sich nur drei wichtigere, die eine Isoglosse zwischen dem West- und dem Ostkatalanischen abwerfen. Nämlich erstens die in 3.2.2 behandelte Öffnung des vulgärlateinischen Tonvokals *ẹ́*, zweitens die in 3.3.4, 3.4.5 und 3.5 behandelte Schwächung der unbetonten *a* und drittens die in 3.3.4 und 3.4.5 behandelte Schwächung der unbetonten *e* bzw. *o*. Als Beispiele für die erste Erscheinung stehen westkat. *cadẹna* vs. ostkat. *cadęna*, für die zweite westkat. *amic*, *casa* mit unbetontem [a] vs. ostkat. *amic*, *casa* mit unbetontem [ə] und für die dritte westkat. *segur*, *morir* mit unbetontem [e] bzw. [o] vs. ostkat. *segur*, *morir* mit unbetontem [ə] bzw. [u].

Die Beispiele werden grundsätzlich in der normalen Orthographie bzw. mit den Mitteln dieser Orthographie, hier also mit den Mitteln der standardkatalanischen Orthographie gegeben. Damit deutlich wird, um welchen Laut oder um welche Lautverbindung es jeweils geht, sind diese fett gesetzt. Die Orthographie kann den jeweils gemeinten Unterschied aber oft nicht zum Ausdruck bringen. (Bei dieser Grenze tut sie es nie.) In diesen Fällen wurde entweder ein diakritisches Zeichen hinzugefügt, wie hier das Pünktchen bzw. der Haken unter dem fett gesetzten *e* von *cadena*, oder die Lautung, um die es geht, folgt nach dem Beispiel in eckiger Klammer in phonetischer Umschrift. So wird deutlich, daß die unbetonten *a* im Westkatalanischen als solche erhalten sind, im Ostkatalanischen dagegen zu [ə] geschwächt wurden. Bei der ersten Erscheinung sind in Klammern die Lautungen im Rosellonesischen bzw. im Balearischen hinzugefügt. Denn diese weichen hier vom übrigen Ostkatalanisch ab, obwohl auch sie eine Öffnung des betonten *ẹ́* zeigen.

An dieser Grenze ist es bei allen drei Erscheinungen das Ostkatalanische, das eine Neuerung durchführt. Das ist durch die graue statt schwarze Schrift der ostkatalanischen Formen kenntlich gemacht. So sieht man auf einen Blick, daß das Ostkatalanische sich wesentlich weiter vom Latein entfernt hat als das Westkatalanische. Konservativ wie das Westkatalanische ist im ersten Fall der ganze westlich der hier interessierenden Grenze gelegene Rest der Halbinsel. Denn noch im fernen Portugiesischen bleibt das geschlossene *e* des Vulgärlateinischen unter dem Ton im Normalfall geschlossen. Das in Klammern hinzugefügte westl. bedeutet also einfach: so überall westlich dieser Grenze. Die ungeschwächte Beibehaltung der unbetonten *a* beobachtet man dagegen nicht überall westlich unserer Grenze. Denn auch im Portugiesischen werden diese *a* wie auch die entsprechenden *e* und *o* geschwächt. Die Klammer (span. + westkat.) soll also einen Hinweis darauf geben, in welchem Raum diese unbetonten Vokale ungeschwächt erhalten sind. Kurz: die Angaben in Klammern betreffen nicht die folgende Form, sondern die Lösung, die sie (oder eine ihrer Vorstufen) hinsichtlich der fraglichen lautlichen Erscheinung repräsentiert.

Es wäre natürlich auch möglich gewesen, die Erscheinungen Zwei und Drei wie eine einzige Erscheinung oder gar wie drei verschiedene Erscheinungen zu behandeln. Auf solcherlei Entscheidungen bezog sich die Behauptung am Ende von 11.2.1, auch Isoglossen müßten erst abgegrenzt werden. Wir haben zwischen *a* einerseits und *e* und *o* andererseits unterschieden, weil nur *a* im Katalanischen auch im Auslaut regelmäßig erhalten ist. Deshalb erscheinen hier auch zwei Beispiele, eines, das die ostkatalanische Schwächung von unbetontem *a* im Anlaut zeigt, und ein anderes, das sie im Auslaut zeigt.

Wenn eine das Aragonesische oder das Leonesische charakterisierende Erscheinung auf der entsprechenden Seite der in Frage stehenden Grenze weiter verbreitet ist, dann veranschaulichen wir sie in der Regel mit Beispielen aus einer bekannteren Sprache. So stehen z.B. in der Nr. 18 aus *11.2.4.2 Die Grenze Aragonesisch - Katalanisch* die kastilischen Formen *debe, llueve, cae, dice* und *precio* für die Erhaltung von -[β]-, -[dz]- (bzw. den Ausfall von -[δ]-) in Fällen, in denen diese Laute im Katalanischen in den Auslaut getreten sind und dann vokalisiert wurden.

Damit sind die Prinzipien genannt, nach denen auch alle anderen

Grenzen dargestellt sind.

11.2.3 Approximative Gewichtung

Hier noch einige ganz allgemeine Bemerkungen zu diesem tabellarischen Résumée. Für keine Dialektgrenze auf der Halbinsel können wir nach unserem Durchgang durch die Lautentwicklung vom Latein bis zu den modernen romanischen Mundarten so viele Isoglossen angeben wie für die, die zwischen dem Aragonesischen und dem Katalanischen verläuft. Sie ist somit die tiefste Grenze auf der Halbinsel. Und zwar ist es hier in der Mehrzahl der Fälle das Katalanische, das Neuerungen durchgeführt hat, während das Aragonesische und oft auch der übrige Westen (wenn auch nicht selten ohne das Kastilische) einen älteren Zustand bewahrt haben. So wird verständlich, warum das Katalanische sehr lange gar nicht zur Iberoromania, sondern zur Galloromania gezählt wurde. So z.B. noch in dem *Das Katalanische* betitelten Buch von Wilhelm Meyer-Lübke von 1925. Und auch der Katalane A. Griera vertrat in der gleichen Zeit diese Position. Gegen sie sind Ramón Menéndez Pidal, Harri Meier und Amado Alonso Sturm gelaufen, indem sie auf dem iberoromanischen Charakter des Katalanischen insistiert haben. Andere, wie z.B. Gerhard Rohlfs, sind der Frage dadurch ausgewichen, daß sie das Katalanische zusammen mit dem Gascognischen und dem südlichen Okzitanisch zu einer pyrenäischen Einheit zusammengefaßt haben. In seinem Buch *Die Ausgliederung der Sprachräume auf der Pyrenäenhalbinsel* (erstmals 1958, überarbeitete spanische Ausgabe von 1963) greift Kurt Baldinger die Bezeichnung von A. Badía-Margarit von dem Katalanischen als einer 'lengua-puente' auf.

Unter den Dialektgrenzen, für die wir besonders viele Isoglossen aufzählen können, folgt dann — wie zu erwarten — als zweittiefste diejenige, die die beiden anderen großen Sprachen voneinander trennt. Also die zwischen dem Galicisch-Portugiesischen einerseits und dem Spanischen, zu dem schon das Leonesische gehört, andererseits. Hier beobachtet man ein deutliches Übergewicht der Innovationen auf der spanischen Seite. Trotz einer Reihe von ganz charakteristischen Innovationen im Westen (Nasalierung, Behandlung von -LL-, -NN- und -L-, -N-, Umwandlung von PL-, FL-, CL- in [c] bzw. [ʃ]) bestätigt sich also der im großen und ganzen doch sehr konservative Charakter des galicisch-portugiesischen Sprachgebiets.

Es folgen nun nach ihrer Tiefe die Grenzen des Kastilischen zum Leonesischen und zum Aragonesischen. Dabei erweist sich das Kastilische insbesondere dem Aragonesischen gegenüber als extrem innovatorisch, während sich das (Hoch)aragonesische als der konservativste Bereich der gesamten Halbinsel zu erkennen gibt. Die zwei Innovationen, die wir auch hier finden, verbinden das Aragonesische mit dem Katalanischen. Spezifisch aragonesische Innovationen gibt es so gut wie nicht. Erinnern wir uns bei dieser Gelegenheit daran, daß sich nur in Hocharagon die lateinische Doppelkonsonanz sporadisch noch erhalten hat und auch nur hier die stimmlosen Plosivlaute des Lateinischen sporadisch noch erhalten sind. Unter den Innovationen, die das Leonesische vom Kastilischen unterscheidet, gibt es solche, die es mit dem Galicisch-Portugiesischen verbinden, aber auch solche, die spezifisch leonesisch sind. Allerdings umfassen diese — was in unserer Tabelle nicht zum Ausdruck kommt — fast nie das gesamte leonesische Sprachgebiet. Sie konstituieren in Wirklichkeit mehr oder weniger große Dialektgebiete innerhalb des

Leonesischen.

Im Vergleich zu den bislang genannten Dialektgrenzen kommt allen anderen mindere Bedeutung zu. Das gilt also auch für diejenige zwischen dem Nord- sowie Zentralkastilischen und dem Andalusischen sowie für diejenige zwischen dem Galicischen und dem Portugiesischen. Nur wenn man alle Isoglossen innerhalb des Galicisch-Portugiesischen zu einer Grenze zwischen Nord und Süd zusammenfassen wollte, könnte diese an Tiefe mit denjenigen zwischen dem Kastilischen und seinem aragonesischen bzw. leonesischen Nachbarn konkurrieren. Eine solche Zusammenfassung scheint aber nicht gerechtfertigt. Es gibt eine scharfe Grenze zwischen dem Galicischen und dem Portugiesischen und eine unscharfe zwischen den nördlichen und den südlichen portugiesischen Dialekten.

Ein letztes Wort noch zu der Verteilung von Innovationen und Konservationen bei den Nord-Süd-Gegensätzen. Wie zu erwarten, erweist sich das Andalusische dem übrigen Kastilisch gegenüber als stark innovatorisch. Das gleiche gilt für das Zentral- und Südportugiesische im Rahmen des Portugiesischen. Dagegen liegen die Dinge im Katalanischen eher umgekehrt, auch wenn wir es hier versäumt haben, auf einige wichtige Innovationen des Valencianischen wie das sog. *apitxat* einzugehen. Die Bilanz zwischen dem Galicischen und dem Portugiesischen ist einigermaßen ausgeglichen.

Dabei sind aber die Innovationen des Galicischen immer solche, die es mit dem Kastilischen verbinden und die es vermutlich auch von dorther erhalten hat. Von der Komplexität der Verhältnisse innerhalb des Leonesischen kann das Blatt zu der asturisch-südleonesischen Grenze kein angemessenes Bild vermitteln (vgl. für diese vor allem 3.3.6 und 5.1.4).

11.2.4 Tabellarische Darstellung der Grenzen

In den folgenden Tabellen zu den Phänomenen, die zur Festlegung der Grenzverläufe zwischen den einzelnen Idiomen dienen, sind diejenigen Formen und Entwicklungen, die Innovationen darstellen, in grauer Schrift gehalten.

11.2.4.1 Die Grenze Westkatalanisch – Ostkatalanisch

	Westkatalanisch	**Ostkatalanisch**
1. Öffnung ẹ́ [3.2.2]	(westl.) *cadẹna*	*cadęna* (ros. [e], bal .[ə])
2. Schwächg. unbet. *a* [3.3.4; 3.4.5; 3.5]	(sp. + westkat.) ***amic, casa*** [a]	*amic, casa* [ə]
3. Schwächg. unbet. *e, o* [3.3.4, 3.4.5]	(sp. + westkat.) ***segur*** [e], ***morir*** [o]	*segur* [ə], *morir* [u]

11.2.4.2 Die Grenze Aragonesisch – Katalanisch

	Aragonesisch	**Katalanisch**
1. Diphth. *ę́, ǫ́* [3.2.1]	(span.) *tierra, puerco*	*terra, porc*
2. Schließung *ę́* [3.2.2]	(port.) *nęve,* (span.) *nieve*	*nẹu*
3. Ausfall *-e, -o* [3.3.4]	(westl.) *nueve, puerco*	*nou, porc*
4. Palatal. L- [5.2]	(kast. + arag.) *lana*	*llana*
5. Ausfall *-dz-* [7.3.3]	(westl.) *razón*	*raó*
6. Deson. *dz, ź, ʒ* [8.3]	(westl. ohne port.) *tristeza, casa, junto*	*tristesa* [ź], *casa* [ź], *junt* [ʒ]
7. *śeśeo, źeźeo* [8.]	(westl. ohne port.) *caza, tristeza ≠ masa, casa*	*caça = massa* [ś], *tristesa = casa* [ź]
8. Dissim. *s/ś* [8.4]	(westl. ohne port.) *caza* [θ]	*caça* [ś]
9. Assimil. -ND- [9.2.1.1]	(westl.) *andar*	*anar*
10. Vokalis. -LT- [9.2.1.2]	(westl.) *otra, muito, escuitar*	*altra, molt, escoltar* [ɫ]
11. Monophth. [9.2.1.2]	*lleite, direita*	*llet, dreta*
12. Vokalis. *-l'c-* [9.2.2.4]	(span.) *cauce, sauce*	*calze, salze* [ɫź]
13. Vokalis. *-b'd-* [9.2.2.8]	(westl.) *caudal*	*cabdal*
14. Dissim. *-d'g-* [9.2.2.8]	(kast. + arag.) *juzgar, portazgo*	*jutjar, portatge* [ddʒ]
15. Redupl. *-b'l-*	(kast.-arag.) *pueblo*	*poble* [bbl]

[9.2.2.5]		
16. Endg. -ÁGĬNĔ [9.2.2.6]	(z.B. kast.) *llantén*	*plantatge* [ˈaddʒə]
17. Velaris. -L [10.1]	(span.) *miel*	*mel* [ɫ]
18. Vokalis. *-β*, *-v*, *-δ*, *-dʒ* [10.2]	(westl.) *debe, llueve, cae, dice, precio*	*deu, plou, cau, diu, preu*
19. Deson. *-b*, *-d*, *-g*, *-ź*, *-dʒ* [10.2]	(westl.) *nabo, ciudad, digo, caso*	*nap, ciutat, dic, cas, maig* [c]
20. Reduz. *-mp*, *-nt*, *-nd*, *-nk*, *-lt* [10.2]	(westl.) *campo, siente, cantando, blanco, alto*	*camp* [-m], *sent* [-n], *cantant* [-n], *blanc* [-ŋ], *alt* [-ɫ]
21. Abfall *-n*, *-r* [10.2]	(span.) *razon, mano, sentir*	*raó, má, sentir* [-i]

11.2.4.3 Die Grenze Kastilisch – Aragonesisch

	Kastilisch	**Aragonesisch**
1. Diphth. *ę*, *ǫ* vor Jot [3.2.1]	*lecho, ojo*	(arag.) *uell*, (kat.) *llit, ull*
2. Ausfall F- [6.4]	*higuera*	(arag. + kat.) *figuera*
3. Entwickl. $G^{e,i}$ [7.3.1; 7.3.3]	*yerno* [j]	(arag. + kat.) *gendre* [ʒ]
4. Entwickl. $-SC^{e,i}$ [7.4]	*pez* [θ]	(arag. + kat.) *peix* [ʃ]
5. Entwickl. *-lj-*, *cl-*, *-tl-* [7.4; 9.2.2.5]	*mujer, hinojo, viejo*	(arag. + kat.) *muller, fonoll, vell*
6. Velaris. *ʃ* [8.4]	*bajar, dejar* [χ]	(arag. + kat.) *baixar, deixar* [ʃ]

7. Palatal. PL-, FL-, CL- [8.1]	(leon. + kast.) *llana, llama, llamar*	(arag. + kat.) ***plana, flama, clamar***
8. Palatal. -KPL-, -KFL-, -KCL- (K = Konsonant) [8.2.1.4]	(westl.) *ancha, hinchar*	(arag. + kat.) ***ampla, inflar***
9. Entwickl. -ᵘLT- [8.2.1.2]	(leon. + kast.) *escuchar, mucho*	(arag.) ***escuitar, muito***
10. Entwickl. -CT- [8.2.1.2]	(leon. + kast.) *f/hecho, leche*	(arag.) ***feito, leite***

11.2.4.4 Die Grenze Leonesisch – Kastilisch

	Leonesisch	**Kastilisch**
1. Diphth. ę́, ǫ́ vor Jot [3.2.1]	**llieitu, ueyu*	***lecho, ojo***
2. Öffnung *-u, -i* [3.3.2; 3.3.6.2]	***gatu*** bzw. ***guetu***	*gato*
3. Schließung *-os, -e(s)* [3.3.6.2]	*perrus, fuenti(s)*	***perros, fuente(s)***
4. Palatal. L-, N- [5.2]	*llana, ñueche*	(kast. + arag.) ***lana, noche*** bzw. ***nueite,*** (kat.) ***llana,*** aber ***nit***
5. Ausfall F- [6.4]	(westl.) ***filho***	*hijo*
6. Entwickl. $G^{e,i}$ [7.3.1]	(gal. + leon.) *xelar,* (port.) *gelar*	*helar*
7. Entwickl. $-SC^{e,i}$ [7.4]	(westl.) *peixe* [ʃ]	*pez* [θ]

8. Entwickl. *-lj-*, *-c'l-*, -t'l- [7.4; 7.2.2.5]	*muyer, vieyu / mucher, viechu* [j] / [c]	*mujer, viejo* [ʒ > ʃ > χ]
9. Dissim. *ś/ʃ* [8.4]	(westl.) ***ba(i)xar, de(i)xar*** [ʃ]	*bajar, dejar* [ʃ > χ]
10. Assimil. -MB- [9.2.1.1]	(westl.) ***p(al)omba***	(östl.) *paloma*
11. Dissimil. *-d'g-* [9.2.2.8]	(westl.) *julgar*	*juzgar*

11.2.4.5 Die Grenze Galicisch-Portugiesisch – Leonesisch

	Galicisch-Portugiesisch	**Leonesisch**
1. Diphth. *ę́, ǫ́* [3.2.1]	***terra, porco***	(span.) *tierra, puerco*
2. Diphth. *ę́, ǫ́* vor Jot [3.2.1]	***leito, olho***	**llieitu, ueyu*
3. Nasalierung [3.2.3]	(port.) *amanhã, lenço, fim ...*	(östl.) ***mañana, lienzo, fin ...***
4. Abfall *-e* nach *d* [3.3.2]	***cidade***	(östl.) *ciudad*
5. Schließung *-e(s)*, *-os* [3.3.6.2]	***fonte***(s) (gal. [e], port. [ɨ̥]), ***lobos*** (gal. [o], port. [u̥])	*fuenti(s), llobus*
6. Ausfall nachton. Vokale [3.5; 9.2.2.3]	(port.) ***fôlego, nádega***	(östl.) *huelga, nalga*
7. Entwickl. -LL-, -L- [5.1]	*castelo, má*	(östl.) *castiello*, ***mala***
8. Entwickl. -NN-, -N-	*ano, boa*	(östl.) *año*, ***buena***

[5.1]		
9. Entwickl. L-, N- [5.2]	***lá, noite***	*llana, ñueche*
10. Palatal. PL-, FL-, CL- [9.1]	*chão, chama, chamar*	(leon. + kast.) *llano, llama, llamar*
11. Entwickl. -ᵘLT- [9.2.1.2]	***muito, escutar, cutelo***	(leon. + kast.) *mucho, escuchar, cuchillo*
12. Entwickl. -CT- [9.2.1.2]	***feito, leite***	(leon. + kast.) *hecho, leche*
13. Entwickl. -FFL- [9.2.1.4]	*achar*	(leon. + kast.) ***hallar***
14. Entwickl. *-lj-*, *-c'l-*, *-t'l-* [7.4; 9.2.2.5]	***mulher, olho, velho***	*muyer, ueyu, vieyu* bzw. *mucher, uechu, viechu*
15. Endung -ÁGĬNĔ [9.2.2.6]	(port.) ***imagem***, (gal.) ***imaxe***	(leon. + kast.) *llantén*
16. Entwickl. -M'N- [9.2.2.7]	***fêmea***	(östl.) *hembra*
17. Velarisierung -L [10.1]	*mel* [ɫ]	(span.) ***miel*** [l]

11.2.4.6 Die Grenze Nordkatalanisch – Südkatalanisch (Valenzianisch)

	Nordkatalanisch	**Südkatalanisch (Valenzianisch)**
1. Zusammenfall *b* - *v* [6.3.3]	*lava* [β]	***lava*** [v] (ohne apitxat)
2. Abfall *-r* [10.2]	*portar* [-a]	***portar*** [-ar]

11.2.4.7 Die Grenze Kastilisch – Andalusisch

	Kastilisch	**Andalusisch**
1. Abfall *-s* [3.3.7]	*tienes, pesos*	(ostand.) *tięnę, pęsǫ*
2. 'yeísmo' [ʎ > j] [6.1]	*llama, pollo* [ʎ]	*llama, pollo* [j]
3. Entwickl. F- [6.4]	*hijo* ['iχo]	***h**ijo* ['hiho]
4. 'seseo' und 'ceceo' [8.]	***caza ǂ casa***	*caza = casa* ([s] od. [θ])
5. Zusammenfall F- > *h* < χ [6.4.4.10]	*hijo* [χ]	*hijo* [h]

11.2.4.8 Die Grenze Asturisch – Südleonesisch

	Asturisch	**Südleonesisch**
1. Schließung *-e(s), -os* [3.3]	*fuente(s), perros*	*fuenti(s), perrus*
2. Umlaut durch *-u* (*-i*) [3.3.6.2]	*puircu*	***puercu***

11.2.4.9 Die Grenze Galicisch – Portugiesisch

	Galicisch	**Portugiesisch**
1. Denasal. [3.2.3]	*mao*	*mão*
2. Schwächung unbet. Vokale [3.3.3; 3.4.4]	***ando*** [o], ***anda*** [a], ***ande*** [e]	*ando* [u̥], *anda* [ɐ], *ande* [ɨ̥]

	coroa [o], *cadeia* [a] *efeito* [e], *perigo* [e]	*coroa* [u], *cadeia* [ɐ] *efeito* [i], *perigo* [ɨ]
3. Dissim. (*t*)*s*, *ś* [8.4]	*caza* [θ]	*caça* [s]
4. Desonor. *z*, *ź*, *ʒ* [8.3]	*facer* [θ], *mesa* [ś], *toxo* [ʃ]	*fazer* [z], *mesa* [z], *tojo* [ʒ]

11.2.4.10 Die Nord-Süd-Grenzen im Portugiesischen

	Nord-, Zentral-portugiesisch	**Zentral-, Süd-portugiesisch**
1. Monophth. *ou̯*, *ei̯* [3.2.3]	(Norden) ***ouro*** [ou̯], (Norden + Zentrum) ***figueira*** [ei̯]	(Zentrum + Süden) *ouro* [o] (neben [oi̯]), (Süden) *figueira* [ẹ]
2. Entwickl. -*r̄*- [5.1.2]	(Norden) ***carro*** [r̄] (Zentrum) *carro* [ʀ]	(Zentrum) *carro* [ʀ] (Süden) ***carro*** [r̄]
3. Zusammenfall *b* – *v* [6.3.3]	(Norden) *babava* [β]	(Zentrum + Süden) ***babava*** [v]
4. 'seseo' [8.]	***caça*** [s] ≠ ***massa*** [ś] ***prazer*** [z] ≠ ***casa*** [ź]	*caça* = *massa* [s] *prazer* = *casa* [z]
5. [c] > [ʃ] [9.1]	***chão***, ***chama***, ***chamar***, ***ancho*** [c]	*chão*, *chama*, *chamar*, *ancho* [ʃ]

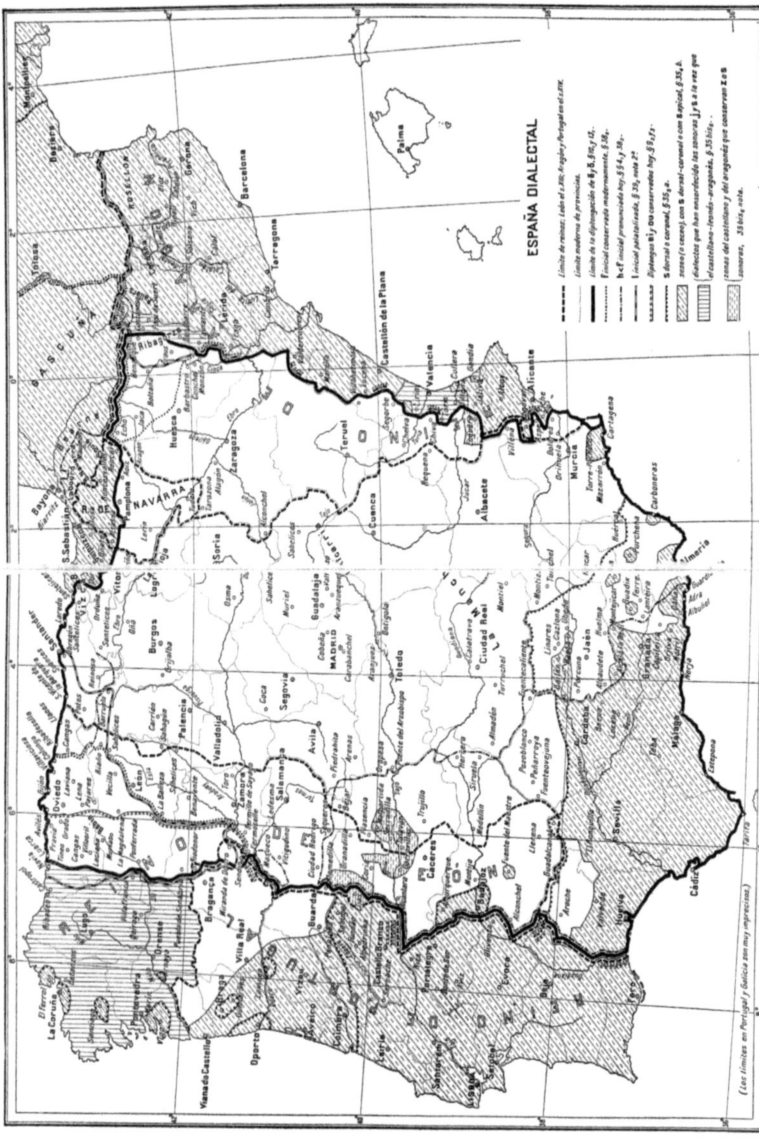

Karte 7: *España dialectal* (Menéndez Pidal, Ramón: *Manual de gramática histórica española*, erstmals 1904, 13. Aufl. 1968)

Bibliographie

Zur allgemeinen Geschichte der Iberischen Halbinsel:

Blázquez, José María, *Ciclos y temas de la historia de España: La romanización*, Madrid: Istmo 1974 (= Colección Fundamentos 42).

Caro Baroja, Julio, *Los pueblos de España*, 2 Bd., erstmals 1946, 3. Aufl. Madrid: Istmo 1981 (= Colección Fundamentos 54/55).

Castro, Américo, *España en su historia: Cristianos, moros y judíos*, erstmals 1948, 3. Aufl. Barcelona: Ed. Crítica 1984.

Castro, Américo, *La realidad histórica de España*, erstmals 1954, 9. Aufl. Méjico: Porrua 1982 (= Biblioteca Porrua 4).

Diccionario de historia de España, hg. von Bleiberg, Germán, erstmals 1968, 2. Aufl., 3 Bd. Madrid: Alianza Editorial 1986/81.

Historia de España, Bd. I-XXVI, hg. von Menéndez Pidal, Ramón, erstmals 1963-68, 3. Aufl. Madrid: Espasa-Calpe 1982-1989.

Historia de España Alfaguara, Bd. I: **Cabo, Ángel**, *Condicionamientos geográficos*; Bd. II: **García de Cortázar, José Ángel**, *La época medieval*, erstmals 1973, Bd. I, 7. Aufl. und Bd. II, 8. Aufl., Madrid: Alianza Editorial 1981.

Hunke, Sigrid, *Allahs Sonne über dem Abendland. Unser arabisches Erbe*, erstmals 1960, Nachdruck Frankfurt/M.: Fischer 1991.

Martín, José Luis, *La Península en la Edad Media*, erstmals 1975, 4. Aufl. Barcelona: Ed. Teide 1988.

Menéndez Pidal, Ramón, *La España del Cid*, Bd. I und II, erstmals 1929, 7. Aufl. Madrid: Espasa-Calpe 1969 (= Menéndez Pidal, Ramón, Obras completas 6 und 7).

Sánchez Albornoz, Claudio, *España, un enigma histórico*, 2 Bd., erstmals 1956, 2. Aufl. Buenos Aires: Ed. Sudamericana 1962.

Tovar, Antonio; Blázquez, José María, *Historia de la Hispania Romana. La Península ibérica desde 218 a. C. hasta el siglo V*, erstmals 1975, 3. Aufl. Madrid: Alianza Editorial 1982 (= El Libro de Bolsillo 565).

Vicens Vives, Jaime, *Geschichte Spaniens*, span. Original erstmals 1952, dt. Übersetzung Stuttgart: Kohlhammer 1969 (= Urban Bücher, Wissensch. Taschenbuchreihe 122).

Vilar, Pierre, *Histoire de l'Espagne*, 11. Aufl. Paris: P.U.F. 1980 (= Que sais-je? 275).

Zu den romanischen Sprachen:

Bourciez, Edouard, *Eléments de linguistique romane*, erstmals 1910, 5. Aufl. besorgt von Jean Bourciez, Paris: Klincksieck 1967 (= Tradition de l'humanisme 10).

Meyer-Lübke, Wilhelm, *Romanisches Etymologisches Wörterbuch (REW)*, erstmals 1911, 6. Aufl. Heidelberg: Winter 1992 (= Sammlung romanischer Elementar- u. Handbücher 3, 3).

Tagliavini, Carlo, *Einführung in die romanische Philologie*, ital. Original erstmals 1949, aus dem Italienischen übertragen von Reinhard Meisterfeld und Uwe Petersen, erstmals 1973, 6. Aufl. München: Beck 1986.

Wartburg, Walther von, *Die Ausgliederung der romanischen*

Sprachräume, mit 18 Kartenskizzen, Bern: Francke 1950 (= Biblioteca románica 1, 8).

Zu den iberoromanischen Sprachen:

Baldinger, Kurt, *Die Herausbildung der Sprachräume auf der Pyrenäenhalbinsel. Querschnitt durch die neueste Forschung und Versuch einer Synthese. Mit 13 Kartenskizzen*, Berlin: Akademie Verlag 1958, überarb. span. Auflage: *La formación de los dominios lingüísticos en la Península Ibérica*, Madrid: Gredos 1963.

Boller, Fred, *Die Isoglossenstaffelung in der galicisch-portugiesisch-spanischen Kontaktzone und im Lombada-Aliste-Grenzgebiet*, Bd. 1 und 2, Kiel: Westensee-Verlag 1995 (= Dialectologia pluridimensionalis romanica 5).

Corominas, Joan, *Tópica hespérica. Estudios sobre los antiguos dialectos, el substrato y la toponimia romances*, Bd. I und II, Madrid: Gredos 1972 (= Biblioteca románica hispánica 2, 169).

Coseriu, Eugenio, *La Hispania romana y el latín hispánico. Breve introducción al estudio histórico del español*, Montevideo: Facultad de humanidades y ciencias 1953.

Enciclopedia lingüística hispánica (ELH), Bd. I: *Antecedentes, onomástica* (1960); Bd. I *Suplemento: La fragmentación fonética peninsular* (1962); Bd. II: *Elementos constitutivos, Fuentes* (1967), Madrid: C.S.I.C.

Entwistle, William J., *Las lenguas de España: castellano, catalán, vasco y gallego-portugués*, engl. Original erstmals 1969, 4. Aufl.

Madrid: Istmo 1982 (= Colección Fundamentos 30).

Galmés de Fuentes, Álvaro, *Dialectología mozárabe*, Madrid: Gredos 1983.

Jungemann, Frederick H., *La teoría del sustrato y los dialectos hispano-romances y gascones*, Madrid: Gredos 1956 (= Biblioteca románica hispánica 1, 7).

Kiesler, Reinhard, *Wörterbuch der Arabismen im Iberoromanischen und Italienischen*, Tübingen u. Basel: Francke 1994.

Lleal, Coloma, *La formación de las lenguas romances peninsulares*, Barcelona: Barcanova 1990.

Meier, Harri, *Beiträge zur sprachlichen Gliederung der Pyrenäenhalbinsel und ihrer historischen Begründung*, Hamburg: de Gruyter 1930 (= Hamburger Studien zu Volkstum und Kultur der Romanen 3).

Menéndez Pidal, Ramón, *Toponimia prerrománica hispana*, erstmals 1952, Nachdruck Madrid: Gredos 1968 (= Biblioteca románica hispánica 2, 9).

Tovar, Antonio, *Einführung in die Sprachgeschichte der Iberischen Halbinsel, das heutige Spanisch und seine historischen Grundlagen*, span. Original erstmals 1968, übersetzt und hg. von Hans Bertsch, Tübingen: Narr 1977 (= TBL 90).

Wright, Roger, *Latín tardío y romance temprano en España y la Francia carolingia*, englisches Original erstmals 1982, Madrid: Gredos 1989 (= Biblioteca románica hispánica 2, 369).

Zum Galicisch-Portugiesischen:

Boléo, Manuel de Paiva; Santos Silva, Maria Helena, "O mapa dos dialectos e falares de Portugal continental", in: *Boletim de Filologia* 20 (1961), 85-112.

Cintra, Luís Filipe Lindley, "Nova proposta de classificação dos dialectos portugueses", in: *Boletim de filologia* 22 (1964-1971), 81-116.

Cunha, Antônio Geraldo da, *Dicionário etimológico Nova Fronteira da língua portuguesa*, erstmals 1982, 2. erw. Aufl. Rio de Janeiro: Ed. Nova Fronteira 1986.

Lexikon der romanistischen Linguistik (LRL), Bd. VI, 2: *Galegisch, Portugiesisch*, hg. von Holtus, Günter, Michael Metzeltin und Christian Schmitt, Tübingen: Niemeyer 1994.

Maia, Clarinda de Azevedo, *História do galego-português. Estado linguístico da Galiza e do noroeste de Portugal desde o século XIII ao século XVI (com referência à situação do galego moderno)*, Coimbra: INIC 1986.

Neto, Serafim da Silva, *História da língua portuguesa*, 2. erw. Aufl. Rio de Janeiro: Livros de Portugal 1970 (= Coleção brasileira de filologia portuguesa).

Teyssier, Paul, *História da língua portuguesa*, Lisboa: Livraria Sá da Costa, franz. Original erstmals 1980, 2. Aufl. 1984 (= Colecção Nova Universidade).

Williams, Edwin B., *Do latim ao português. Fonologia e morfologia históricas da língua portuguesa*, engl. Original erstmals 1938, 3. Aufl. Rio de Janeiro: Tempo Brasileiro 1975.

Zum Katalanischen:

Badía Margarit, Antonio, *Gramática histórica catalana,* Barcelona: Noguer 1951.

Coromines, Joan, *Dicionari etimològic i complementari de la llengua catalana,* 9 Bd., Barcelona: Curial 1980-91.

Griera, Antoni, *Atlas lingüístic de Catalunya (ALCat),* Bd. 1-5, Barcelona: Institut d'Estudis Catalans 1923-1939, Bd. 6-10, Barcelona 1962-1964.

Griera, Antoni, *Gramática histórica catalana,* Abadia de Sant Cugat del Vallès: Instituto internacional de cultura románica 1965.

Lexikon der romanistischen Linguistik (LRL), Bd. V, 2: *Okzitanisch, Katalanisch,* hg. von Holtus, Günter, Michael Metzeltin und Christian Schmitt, Tübingen: Niemeyer 1991.

Lleal, Coloma, *Breu història de la llengua catalana,* Barcelona: Barcanova 1992.

Moll, Francesc de B., *Gramática histórica catalana,* Madrid: Gredos 1952.

Veny, Joan, *Introducció a la dialectologia catalana,* Barcelona: Enciclopèdia Catalana 1986.

Zum Spanischen:

Alarcos Llorach, Emilio, *Fonología española,* erstmals 1950, 4. erw. Aufl. Madrid: Gredos 1986 (= Biblioteca románica hispánica 3, 1).

Alonso, Amado, *Estudios lingüísticos. Temas españoles*, erstmals 1951, 6. Aufl. Madrid: Gredos 1982 (= Biblioteca románica hispánica 2, 2).

Alonso, Amado, *De la pronunciación medieval a la moderna en español*, Bd. I und II, erstmals 1955 und 1969 hg. von Rafael Lapesa, 2. Aufl. Madrid: Gredos 1976 und 1988 (= Biblioteca románica hispánica 1, 5).

Alonso, Dámaso, *Obras completas I. Estudios lingüísticos peninsulares*, Madrid: Gredos 1972.

Alonso, Martín, *Diccionario medieval Español. Desde las glosas emilianenses y silenses (s. X) hasta el siglo XV*, 2 Bd., Salamanca: Universidad Pontificia de Salamanca 1986.

Alvar, Manuel; Pottier, Bernard, *Morfología histórica del español*, Madrid: Gredos 1983 (= Biblioteca románica hispánica 3, 57).

Atlas lingüístico de la Península Ibérica, I, Fonética, 1, Madrid: C.S.I.C. 1962.

Atlas lingüístico y etnográfico de Andalucía (ALEA), dirigido por Manuel Alvar y elaborado con la colaboración de Antonio Llorente Maldonado de Guevara, Gregorio Salvador, y José Mondéjar en el tomo VI, Granada: Universidad de Granada 1960-1973.

Atlas lingüístico y etnográfico de Aragón, Navarra y Rioja (ALEANR), dirigido por Manuel Alvar, con la colaboración de Antonio Llorente, Tomás Buesa y Elena Alvar, 12 Bd., Madrid-Zaragoza: C.S.I.C. Institución Fernando el Católico 1979-1983.

Berschin, Helmut; Fernández-Sevilla, Julio; Felixberger, Jo-

sef, *Die spanische Sprache. Verbreitung - Geschichte - Struktur*, München: Hueber 1987.

Cano Aguilar, Rafael, *El español a través de los tiempos*, Madrid: Arco/Libros 1988.

Catalán, Diego, *El español. Orígenes de su diversidad*, Madrid: Paraninfo 1989.

Corominas, Joan; en colaboración con José A. Pascual, *Diccionario crítico etimológico castellano e hispánico*, Bd. I-V, Madrid: Gredos 1980-83 (= Biblioteca románica hispánica 5, 7) [erstmals 1954 in vier Bd. als: Corominas, Joan, *Diccionario crítico etimológico de la lengua castellana*, Madrid: Gredos].

Corominas, Joan, *Breve diccionario etimológico de la lengua castellana*, erstmals 1961, 3. Aufl. Madrid: Gredos 1980 (= Biblioteca románica hispánica 5, 2).

Introducción plural a la gramática histórica, hg. von Francisco Marcos-Marín, Madrid: Cincel 1983 (= Colección de letras universitarias 2).

Kuen, Heinrich, "Die sprachlichen Verhältnisse auf der Pyrenäenhalbinsel", in: *Zeitschrift für romanische Philologie* 66 (1950), 95-125.

Lang, Jürgen, *Sprache im Raum. Zu den theoretischen Grundlagen der Mundartforschung. Unter Berücksichtigung des Rätoromanischen und Leonesischen*, Tübingen: Niemeyer 1982 (= Beihefte zur Zeitschrift für romanische Philologie 185).

Lapesa, Rafael, *Historia de la lengua española*, erstmals 1942, 9. verb. und erw. Auflage Madrid: Gredos 1986 (= Biblioteca románica hispánica 3, 45).

Lapesa, Rafael, *Estudios de historia lingüística española*, Madrid:

Paraninfo 1985.

Lathrop, Thomas, *Curso de gramática histórica española. Con la colaboración de Juan Gutiérrez Cuadrado*, engl. Original erstmals 1980, 2. Aufl. Barcelona: Ariel 1989.

Lexikon der romanistischen Linguistik (LRL), Bd. VI, 1: *Aragonesisch/Navarresisch, Spanisch, Asturianisch/Leonesisch*, hg. von Holtus, Günter, Michael Metzeltin und Christian Schmitt, Tübingen: Niemeyer 1991.

Lloyd, Paul M., *From Latin to Spanish*, Bd. I: *Historical phonology and morphology of the Spanish language*, Philadelphia: American Philosophical Society 1987 (= American Philosophical Society: Memoirs 173).

Menéndez Pidal, Ramón, *Manual de gramática histórica española*, erstmals 1904, 18. Aufl. Madrid: Espasa-Calpe 1985.

Menéndez Pidal, Ramón, *Cantar de mío Cid. Texto, gramática y vocabulario*, Bd. I-III, erstmals 1908-1911, 5. Aufl. des 1. und 2. Bd., 4. Aufl. des 3. Bd. Madrid: Espasa-Calpe 1976, 1977 und 1980 (= Menéndez Pidal, Ramón, Obras completas 3, 4 und 5).

Menéndez Pidal, Ramón, *Orígenes del español. Estado lingüístico de la Península Ibérica hasta el siglo XI*, erstmals 1926, 8. Aufl. nach der 3. verb. und erw. Aufl. von 1950, Madrid: Espasa-Calpe 1976 (= Menéndez Pidal, Ramón, Obras completas 8).

Menéndez Pidal, Ramón, *El idioma español en sus primeros tiempos*, erstmals 1942, 9. Aufl. Madrid: Espasa-Calpe 1979 (= Colección austral 250).

Neira Martínez, Jesús, "La oposición 'continuo'/'discontinuo' en las hablas asturianas", in: *Estudios ofrecidos a Emilio Alarcos Llorach (con motivo de sus XXV años de docencia en la Universidad de Oviedo)*, Bd. III, Oviedo 1978, dort p. 255-279.

Penny, Ralph, "The reemergence of /f/ as a phoneme of Castilian", in: *Zeitschrift für romanische Philologie* 88 (1972), 463-482.

Penny, Ralph, "Labiodental /f/, aspiration and /h/-dropping in Spanish: the evolving phonemic values of the graphs *f* and *h*", in: von Hook, David und Barry Taylor (Hg.), *Cultures in Contact in Medieval Spain: Historical and literary essays presented to L. P. Harvey*, London: King's College 1990 (= King's College London Medieval Studies III), dort p. 157-182.

Penny, Ralph, *Gramática histórica del español*, engl. Original erstmals 1991, Barcelona: Ariel 1993.

Resnick, Melvyn C., *Introducción a la historia de la lengua española*, Washington D.C.: Georgetown University Press 1981.

Urrutia Cárdenas, Hernán; Álvarez Álvarez, Manuela, *Esquema de morfosintaxis histórica del español*, erstmals 1983, 2. Aufl. Bilbao: Publicaciones de la Universidad de Deusto 1988.

Vàrvaro, Alberto, *Manuale de filologia spagnola medioevale*, Bd. I: *Linguistica*, Bd. II: *Letteratura*, Bd. III: *Antologia*, Napoli: Liguori, I. 1965, II. 1969 und III. 1971, Bd. I: 2. Aufl. 1976.

Zamora Vicente, Alonso, *Dialectología española*, erstmals ca. 1960, 2. erw. Aufl. Madrid: Gredos 1970 (= Biblioteca románica hispánica 3, 8).

Ergänzende Literatur (in Auswahl)

Ali, Manuel Said ([8]2001): *Gramática histórica da língua portuguesa.* Edição revista e ampliada por Mário Eduardo Viaro. São Paulo: Melhoramentos/Brasília: Editora da Universidade de Brasília [[1]1921].

Barme, Stefan (2014): *Einführung in das Alttspanische.* Stuttgart: ibidem-Verlag (= Romanische Sprachen und ihre Didaktik).

Bollée, Annegret/Neumann-Holzschuh, Ingrid (2003): *Spanische Sprachgeschichte.* Stuttgart: Klett.

Cano Aguilar, Rafael (coord.) ([2]2005): *Historia de la lengua española.* Barcelona: Ariel (= Ariel lingüística) [[1]2004].

Castro, Ivo ([2]2008): *Introdução a história do português. Geografía da língua. Portguês antigo.* Lisboa: Edições Colibri [[1]2004].

D'Agostino, Alfonso (2001): *Storia della lingua spagnola.* Milano: LED (= Biblioteca di filologia e linguistica romanze. I. Manuali, 2) [Reprint 2009].

Darbord, Bernard/Pottier, Bernard ([2]2004): *La langue espagnole. Grammaire historique.* Paris: Armand Colin [[1]1988].

Echenique Elizondo, Maria Teresa/Martínez Alcalde, María José ([4]2011): *Diacronía y gramática histórica de la lengua española.* Valencia: Tirant lo Blanch [[1]2000].

Ernst, Gerhard/Gleßgen, Martin-Dietrich/Schmitt, Christian/Schweickard, Wolfgang (Hrsg.) (2003-2008): *Romanische Sprachgeschichte. Ein internationales Handbuch zur Geschichte der romanischen Sprachen.* 3 Teilbände. Berlin/New York: de Gruyter (= Handbücher zur Sprach- und Kommunikationswissenschaft (HSK), 23.1-23.3).

Ferrando Francés, Antoni/Nicolás Amorós, Miquel (2011): *Història de la llengua catalana.* Nova edició revisada i ampliada. Barcelona: Edicions de la UOC (= Manuals: Humanitats, 177) [[1]2005].

Herbers, Klaus (2006): *Geschichte Spaniens im Mittelalter. Vom Westgotenreich bis zum Ende des 15. Jahrhunderts.* Stuttgart: Kohlhammer.

Kiesler, Reinhard (2006): *Einführung in die Problematik des Vulgärlateins.* Tübingen: Niemeyer (= Romanistische Arbeitshefte, 48).

Liberatori, Filomena/Garzillo, Liliana (2007): *El español de los orígenes al siglo XXI.* Roma: Kappa.

Lüdtke, Helmut ([2]2009): *Der Ursprung der romanischen Sprachen, Eine Geschichte der sprachlichen Kommunikation.* Kiel: Westensee (= Dialectologia pluridimensionalis romanica, 14) [[1]2005].

Martí i Castell, Joan (2001): *Els orígens de la llengua catalana.* Barcelona: Edicions de la UOC (= Àgora, 11).

Menéndez Pidal, Ramón (1935-2007): *Historia de España.* 43 Bände. Madrid: Espasa-Calpe.

Menéndez Pidal, Ramón (2005): *Historia de la lengua española.* 2 Bände. Madrid: Real Academia Española/Fundación Ramón Menéndez Pidal.

Penny, Ralph ([2]2002): *A History of the Spanish Language.* Cambridge: Cambridge University Press [Reprint 2009, [1]1991] [span. Übers.: *Gramática histórica del español.* Segunda edición revisada, ampliada y actualizada del texto original. Barcelona: Ariel [2]2014. [1]1993].

Pountain, Christopher J. (2001): *A History of the Spanish Language through Texts*. London/New York: Routledge.

Quilis, Antonio (2003): *Introducción a la história de la lengua española*. Madrid: Universidad Nacional de Educación a Distancia.

Schäfer-Prieß, Barbara/Schöntag, Roger (2012): *Spanisch – Portugiesisch kontrastiv*. Unter Mitarbeit von Inma García Jiménez und Benjamin Meisnitzer. Berlin/New York: de Gruyter (= Romanistische Arbeitshefte, 56).

Wright, Roger (2002): *A sociophilological study of late Latin*. Turnhout: Brepols (= Utrecht studies in medieval literacy, 10).

Zauner, Adolf ([2]1921): *Altspanisches Elementarbuch*, Heidelberg: Winter [Reprint 2011, Charleston: Bibliolife. [1]1908].

Verzeichnis der Karten und Abbildungen

Karten:

Karte 1: *Die spanische Diphthongierung* (S. 46)

Karte 2: *Tratamiento de la Ẹ cerrada del latín vulgar según Kuen* (S. 49)

Karte 3: *Auslautvokalismus* (S. 75)

Karte 4: *Die Anlautvokale (vereinfacht)* (S. 85)

Karte 5: *Moderne Resultate von lat. F-* (S. 142)

Karte 6: *seseo und ceceo* (S. 165)

Karte 7: *España dialectal (R. Menéndez Pidal)* (S. 211)

Abbildungen:

Abb. 1: *Entwicklung des Vulgärlateins und des klassischen Lateins aus dem archaischen Latein* (S. 30)

Abb. 2: *Das Phonemsystem des klassischen Lateins* (S. 31)

Abb. 3: *Das Schicksal der lateinischen Doppelkonsonanten und ihrer einfachen Entsprechungen auf der Iberischen Halbinsel* (S. 101)